JN025450

法学部生のための キャリアエデュケーション

松尾 剛行 著

有斐閣

はじめに

　本書は，①法学部生，②法学部卒業生，そして，③若手弁護士や若手法務担当者等の，現在または将来において何らかの法律に関わる仕事に就いているか，または就くことを考えている人のための，キャリアに関する本である。

　筆者は 2007 年の弁護士登録以来，約 17 年の経験を持つ企業法務弁護士である。とりわけ，技術発展に対応した労働形態の変化や，AI 時代において弁護士・法務担当者が直面する課題等について研究を続けており，2015 年に「ロボットと労働法」の研究発表を行い，2019 年には『AI・HR テック対応　人事労務情報管理の法律実務』（弘文堂）を著した。そして，学習院大学法学部非常勤講師として企業法務の授業を担当し，法学部生が将来企業法務に携わる可能性を見据え，2022 年には当該授業の教科書である『キャリアデザインのための企業法務入門』（有斐閣）を著した。また，2023 年には『キャリアプランニングのための企業法務弁護士入門』（有斐閣）を著した。加えて同年には，生成 AI がもたらすキャリアへのインパクトを検討した『ChatGPT の法律』（共著，中央経済社）および『ChatGPT と法律実務』（弘文堂）を著した。このような研究の蓄積を踏まえ，筆者は 2024 年 4 月から，学習院大学法学部で「特設基礎講義（キャリア・エデュケーション：法学部生のためのキャリア入門）」という講義を担当することとなった。本書はその教科書として執筆したものであり，有斐閣が出版する筆者の「キャリア」シリーズ第三弾に位置付けられる。

　俗に「法学部は潰しが効く」と言われる。このようなフレーズは，多くの場合には将来のキャリアの可能性が無限大だというプラスの意味合いがある。確かに，法学部生やその卒業生が，その 4 年間の

学びを活かして発展させることができるキャリアには幅広いものがある。上記「特設基礎講義（キャリア・エデュケーション：法学部生のためのキャリア入門）」においては，法務責任者・担当者，弁護士，公務員，経営者，コンサルタント，キャリアコーディネーター等，様々な経験を持つ方々をゲスト講師にお招きする予定である。

　もっとも，可能性が豊富であることは，キャリアの袋小路で迷子になる可能性をも高めている。人生は，何歳からでも新しい挑戦ができるという意味では十分に長いものの，法学部の学びを活かすことのできる全てのキャリアを経験するには短すぎる。

　だからこそ筆者は，なるべく早い段階から（学生の頃が最も望ましいが，全ての人にとって，「今」こそがこれからの人生において一番若いタイミングである）真剣にキャリアデザインに関する検討を開始することが重要だと考える。実際には計画通りに行かず，途中で予定変更が発生する。そのことは十分に理解した上で，それでも，まずは学生のうちから自分のありたい将来像を真剣に検討し，そこから振り返って今やるべきことを考え，実践すべきである。

　そのような対応の際の参考になるよう，本書は前半で，キャリアを考える上で重要と思われる事項をまとめ，後半で，企業内法務（第8章），法曹（第9章），公務員（第10章）および立法に関与するキャリア（第11章）について述べる。最後に，AI・リーガルテック時代のキャリア（第12章）について述べる。既にキャリアデザインに関する書籍は多数存在しており，その一部は本書でも参照している。その中で，本書は法学部生や法律・法務系のキャリアにフォーカスしているところに特徴がある。

　読者のみなさんは，「そもそも法学部は潰しが効くのか？」「もう法学部はそこまでの人気はないし，法学部だからといって法律の勉強を本気でやってもあまり意味がないのではないか？」「キャリアの話ってどうしてこんなにややこしくて分量が多いんだ？」「『これ

が正解だ』というスパッとわかりやすい説明がほしい」などなど，キャリアに関する様々な疑問や不安を持っているのではないだろうか。本書はこれら全てに対してクリアに回答するものではない。しかし，筆者は，2021年から『キャリアデザインのための企業法務入門』の元となる授業（2024年からは「特設基礎講義（キャリア・デザイン：企業法務）」という名称で学習院大学法学部にて開講）等，キャリアに関する授業や講演を行い，その中で，同様の疑問を有する学生の皆さんと対話を重ねてきた。そこで，これらの筆者自身の経験を踏まえ，多くの方が疑問に感じる点についても可能な限り踏み込んだ回答をしたつもりである。本書が読者のみなさんの将来にとって少しでも役に立てば幸甚である。

2024年2月　松 尾 剛 行

目　次

第1章　法学部生のキャリアの可能性 ……………………………………1
　1　大学生一般とキャリアの関係　1
　2　法学部生とキャリアの関係　5
　3　キャリアを考える上での基礎知識　7
　4　過去・現在・未来　9
　5　将来のキャリアを見据えて現在何をすべきか　18

第2章　キャリアとの関係におけるビジネス概論──法務の観点から…24
　1　キャリアとビジネスの関係　24
　2　法学部生が理解すべきビジネスとは　26
　3　ビジネスにおける経営者と労働者の関係　30
　4　社会・業界・組織・部門・チームとキャリア　33
　5　アントレプレナーシップ（起業家精神）　40

第3章　終身雇用時代の終わりとキャリア …………………………44
　1　新卒一括採用・終身雇用時代とは何だったのか　44
　2　キャリアパス　53
　3　終身雇用時代の終わりと転職　55
　4　人事評価　59

第4章　スキルセットとリスキリング ……………………………63
　1　終身雇用時代の終了後「価値ある人材」になるには　63
　2　スキルセット　64
　3　スペシャリスト・マネージャー　69
　4　資　格　73
　5　リスキリング時代の職業訓練　75

第5章　多様化時代のワークライフバランス ……………………80
　1　ワークライフバランス　80
　2　メンタルヘルスとレジリエンス　83
　3　チームで仕事をシェアする　84
　4　グローバルにおける競争力と国際化　86
　5　ダイバーシティ　89
　6　ファイナンシャルプランニングとキャリア　91

第6章　副業時代の「自立」と「自律」 ………………………………95

　1　組織外におけるキャリアの発展と，組織内外のキャリアの流動化　95

　2　組織の特徴と，組織と個人の関係　96

　3　自営的就労時代の到来　100

　4　副業時代の到来　103

　5　キャリアキャピタルとネットワーク　105

　6　組織依存からの脱却の意味　107

第7章　労働法による労働者の保護…………………………………109

　1　労働法とは　109

　2　従来の労働慣行を反映した個別的労働関係法　110

　3　労使交渉への保護が手厚い団体的労使関係法　118

　4　時代に合わせて規律が変更される労働市場法　118

　5　福利厚生　119

　6　社会福祉　119

　7　自営的就労と労働者概念　120

第8章　企業内における法務担当者としてのキャリア……………125

　1　はじめに　125

　2　企業における法務部門の役割　125

　3　企業法務の業務の特徴　131

　4　企業法務とキャリア　136

第9章　法曹のキャリア ………………………………………………143

　1　法曹三者　143

　2　法曹になるまで　144

　3　弁護士のキャリア　147

　4　インハウス弁護士　154

第10章　公務員のキャリア …………………………………………159

　1　公務員の仕事のイメージ　159

　2　行政活動の目的　160

　3　公務員の主な仕事──法執行と政策形成　161

　4　民間の仕事と比較した場合の公務員の仕事の特徴　164

　5　国家公務員　167

　6　地方公務員　170

第11章　立法に関与するキャリア …………………………………173

　1　立法の重要性　173

　2　立法に関与する人々　173
　3　政治家　176
　4　議員秘書　177
　5　法制局　178
　6　企業内の公共政策担当者　178
　7　公共政策コンサルタント　179

第 12 章　AI・リーガルテックの発展とキャリアの将来像………181
　1　AI・リーガルテック時代の到来　181
　2　AI・リーガルテックはビジネスパーソンや法務のキャリアを変えるか　182
　3　個別の進路ごとのキャリアの未来　186
　4　さあ，考え，体を動かそう　189

　おわりに……………………………………………………………………191
　索　　引……………………………………………………………………192

Column

法学部生が法学以外を学ぶ意味，他学部生が法学を学ぶ意味　　23
戦略と実践（オペレーショナルエクセレンス）　　43
MBA 理論のキャリアへの応用　　61
弱みを補うか，強みを伸ばすか　　78
タイパ（タイムパフォーマンス）　　94
ポートフォリオ的なキャリア形成と相性の良い副業時代　　107
パターンを知る　　124
経営にますます重要な影響を与える企業法務の未来像　　142
弁護士にキャリアデザインが必要な時代の到来　　157
公務員とビジネスとの密接な関係　　172
反対派のことを常に考える　　180
変わらないために変わり続けることの必要性　　190

＊有斐閣ウェブサイトの本書の紹介ページにも，別途 3 つの Column を掲載している
（http://www.yuhikaku.co.jp/books/detail/9784641126503）。

著者紹介

松 尾 剛 行 （まつお・たかゆき）

桃尾・松尾・難波法律事務所パートナー弁護士（第一東京弁護士会）

2006 年　東京大学法学部卒業
2007 年　桃尾・松尾・難波法律事務所入所（現パートナー）
2013 年　アメリカ合衆国ハーバード・ロースクール修了（LL.M.）
2014 年　アメリカ合衆国ニューヨーク州弁護士登録
2020 年　中国北京大学法学院博士（法学）
2023 年　慶應義塾大学特任准教授
　　中央大学非常勤講師，学習院大学非常勤講師，九州大学非常勤講師，一橋大学客員研究員（2024 年 3 月現在。就任順）

著 書

『最新判例にみるインターネット上の名誉毀損の理論と実務〔第 2 版〕』（共著，勁草書房，2019 年）
『AI・HR テック対応　人事労務情報管理の法律実務』（弘文堂，2019 年）
『実務解説 行政訴訟』（共著，勁草書房，2020 年）
『紛争解決のためのシステム開発法務——AI・アジャイル・パッケージ開発等のトラブル対応』（共著，法律文化社，2022 年）
『広告法律相談 125 問〔第 2 版〕』（日本加除出版，2022 年）
『キャリアデザインのための企業法務入門』（有斐閣，2022 年）
『ChatGPT の法律』（共著，中央経済社，2023 年）
『ChatGPT と法律実務——AI とリーガルテックがひらく弁護士／法務の未来』（弘文堂，2023 年）
『クラウド情報管理の法律実務〔第 2 版〕』（弘文堂，2023 年）
『実践編 広告法律相談 125 問』（日本加除出版，2023 年）
『キャリアプランニングのための企業法務弁護士入門』（有斐閣，2023 年）
他多数。

詳細は　https://researchmap.jp/tm1984/

凡　例

＊法令略語

景表法　　不当景品類及び不当表示防止法

高年齢者雇用安定法　　高年齢者等の雇用の安定等に関する法律

個人情報保護法　　個人情報の保護に関する法律

下請法　　下請代金支払遅延等防止法

職安法　　職業安定法

独禁法　　私的独占の禁止及び公正取引の確保に関する法律

パート・有期労働法　　短時間労働者及び有期雇用労働者の雇用管理の改善等に関する法律

フリーランス保護新法　　特定受託事業者に係る取引の適正化等に関する法律

薬機法　　医薬品，医療機器等の品質，有効性及び安全性の確保等に関する法律

労働施策総合推進法　　労働施策の総合的な推進並びに労働者の雇用の安定及び職業生活の充実等に関する法律

労基則　　労働基準法施行規則

＊文献略語

稲葉ほか・キャリアで語る経営組織　　稲葉祐之＝井上達彦＝鈴木竜太＝山下勝『キャリアで語る経営組織──個人の論理と組織の論理〔第2版〕』（有斐閣，2022年）

岩上＝大槻編・大学生のためのキャリアデザイン入門　　岩上真珠＝大槻奈巳編『大学生のためのキャリアデザイン入門』（有斐閣，2014年）

大内・AI時代の働き方と法　　大内伸哉『AI時代の働き方と法』（弘文堂，2017年）

アーサーほか編・現場で使えるキャリア理論とモデル　　ナンシー・アーサー＝ロベルタ・ノート＝メアリー・マクマホン編，NPO法人日本キャリア・カウンセリング研究会監修，水野修次郎＝新目真紀＝野田百合子監訳『実践アイデア　現場で使えるキャリア理論とモデル』（金子書房，2021年）

菅野・労働法　　菅野和夫『労働法〔第12版〕』（弘文堂，2019年）

菅原ほか編著・女性弁護士のキャリアデザイン　　菅原直美＝金塚彩乃＝佐藤暁子編著『業界分析と事例からわかる！ リアルを見つめて考える 女性弁護士のキャリアデザイン』（第一法規，2023年）

ChatGPTの法律　　中央経済社編　田中浩之＝河瀬季＝古川直裕＝大井哲也＝辛川力太＝佐藤健太郎＝柴崎拓＝橋詰卓司＝仮屋崎崇＝唐津真美＝清水

音輝＝松尾剛行『ChatGPT の法律』（中央経済社，2023 年）

藤村編・考える力を高めるキャリアデザイン入門　藤村博之編『考える力を高める キャリアデザイン入門──なぜ大学で学ぶのか』（有斐閣，2021 年）

松尾・キャリアデザイン　松尾剛行『キャリアデザインのための企業法務入門』（有斐閣，2022 年）

松尾・キャリアプランニング　松尾剛行『キャリアプランニングのための企業法務弁護士入門』（有斐閣，2023 年）

松尾・ChatGPT と法律実務　松尾剛行『ChatGPT と法律実務──AI とリーガルテックがひらく弁護士／法務の未来』（弘文堂，2023 年）

水町・詳解労働法　水町勇一郎『詳解労働法〔第 3 版〕』（東京大学出版会，2023 年）

山本＝大島・人事データ保護法入門　山本龍彦＝大島義則編著，一般社団法人ピープルアナリティクス＆ HR テクノロジー協会編『人事データ保護法入門』（勁草書房，2023 年）

渡部・人物で学ぶキャリア理論　渡部昌平『キャリア理論家・心理学者 77 人の 人物で学ぶキャリア理論』（福村出版，2022 年）

＊その他

経団連　一般社団法人日本経済団体連合会

第1章

法学部生のキャリアの可能性

1　大学生一般とキャリアの関係

(1)　本書の位置付け

キャリア（career；経歴）は，広義では生涯を通じた役割に関する経歴を意味し，職業生活以外にも，社会活動や家庭生活等をも含む概念である。しかし，本書では職業生活の側面を主に論じる[1]。

既に多くの大学において，キャリアデザインの講義が設けられ，また，キャリアセンターが就職活動の指導をしてくれる。さらに，キャリアデザインについては既に多数の書籍が存在する。その中で，本書は，法学部生・法律関係のキャリアに特化し，社会に出てから役に立つ内容を説明しようと試みる点に特色がある[2]。

医学の進展により，健康年齢の伸長が期待される中，既に70歳までの雇用継続が努力義務となっている（高年齢者雇用安定法10条の2）。将来は，これまでにない程長い間働き続けられる時代が来るだろう。このような動きには，長く働き続けるオプションを持つことができるなどの肯定的な側面があることは間違いない。ただし，老後のためには2000〜3000万円の貯蓄が必要などともいわれる。

---

1)　岩上＝大槻編・大学生のためのキャリアデザイン入門i頁・47頁。
2)　本書を教科書として利用する，「特設基礎講義（キャリア・エデュケーション：法学部生のためのキャリア入門）」も同様の特色を有する。

気が進まないのに生活のために働き続ける必要が出てくるかもしれず，単に選択肢が増えるだけの話なのかは疑問が残る。加えて，AI 等のテクノロジーによって労働関係も変容すると予測されている（→第 12 章および大内・AI 時代の働き方と法参照）。

　このようなキャリアに関する激動の中，もはや準備されたルートを誰かに言われるがままに歩めば良い時代ではなくなっている。つまり，最終的にどのようなキャリアを歩むかは，読者のみなさん自身で決めるしかない。本書はそれを検討する上で，参考になりうる視点を複数示すことで，読者に考察を深めてもらうことを試みている。もちろん，「今まで考えたこともない視点が提供され，キャリアデザインが思っていたより難しいことがわかった」と思われる方も少なくないだろう。しかし，そのような難しさについて，将来，キャリア上の困難に直面した際などに初めて思い知るよりは，今のうちに理解しておいた方がよいだろう。

⑵　キャリアについて考える必要性の高まり

　法学部入学時点で将来のキャリア像を思い描いている人もいるだろうし，そうでなくても学部 3，4 年生にもなれば就職活動やその準備の中で自分のキャリアを真剣に考える必要が出てくる。

　現代では，「ライフコースの個人化」といって，特定の標準的な「生き方」が押し付けられるのではなく，自分で好きな生き方を選択することができる 3)。その結果，従来型の，キャリアドリフト（就職先の会社の人事部等のキャリアに詳しい人に，自分のキャリアを決めてもらう）ではなく，キャリアデザイン（自分のキャリアは自分で作り上げる）を選択する人が増加している 4)。

　確かに将来のキャリアを作り上げる自由があること自体はすばら

---

　3)　岩上＝大槻編・大学生のためのキャリアデザイン入門 180-182 頁。
　4)　稲葉ほか・キャリアで語る経営組織 107 頁。

しい。しかし，これまで親などに「いい中学校，いい高校，いい大学に行きなさい」と言われていた人が，大学に入った途端，急に「自由にキャリアをデザインしなさい」と言われても，戸惑ってしまうかもしれない[5]。

　このように，キャリアにおいて戸惑う人が多い時代だからこそ，キャリアについて真剣に考える必要性が高まっている。

(3)　ゲームのルールが変わる

　大学入試までは「正解」があった。しかし，社会人の世界には大学入試でいうような「正解」は存在しない。例えば，企業で法務部門の担当者（→第8章）は，以下のような状況に直面し得る。

> **事例**：社長が公共プロジェクトを獲得するため，「コンサルティング会社」に，5億円という巨額のコンサルティング報酬を渡すと決めた。しかし，この企業は公式ウェブサイトも，コンサルティングを行った実績もなく，有力政治家の配偶者が唯一の役員である。法務担当者のあなたは，社長が，ペーパーカンパニーである同社を通じて有力政治家に賄賂を贈ろうとしているのではないか，と疑っている。

　このような場面でもちろん「誤り」は存在する[6]。例えば，形式がコンサルティング報酬なので何も問題がないとすることは明らかな「誤り」である。しかし，どうやって社長にコンサルティング報酬を渡すことを断念させるかに関する「正解」はない[7]。むしろ自分で「何を正解にしたいか」を考え，上司や他部門等，周囲を巻き込んで説得し，それを正解にしていく必要がある[8] [9]。

---

5)　岩上＝大槻編・大学生のためのキャリアデザイン入門126–127頁参照。

6)　松尾・キャリアプランニング3頁。

7)　松尾・キャリアプランニング14頁参照。

8)　松尾・キャリアプランニング4頁。

　社会人の世界に正解がない点はキャリアについても同様である。社内のキャリアパス（→第3章2）を駆け上がる上で重要な人事評価（→第3章4）は，このような「周囲を説得できるか」というコミュニケーションの部分を踏まえて決まる。頭のいい人や，速く正確に書類を作ることができる人が必ずしも組織内で高く評価されるわけではない。その頭の良さを活かし，その書類を具体的な案件において活用できなければ「宝の持ち腐れ」になりかねない。このように，社会人として仕事をする上での「ゲームのルール」は，高校までとは大きく変わるのである。

⑷　大学教育とキャリアの関係

　そして，このゲームのルールの変更に対応するための期間が4年間の大学生活であると評することも可能だろう。

　大学における学びを通じて，課題設定，仮説設定，情報収集，仮説の検証，残された課題の確認を行う等の能力を培うことができる。また，グループワークにおける同級生等からのアドバイスを受けてより良いアウトプットにしていくプロセスは，企業における課題解決に向けたプロセスと類似する。大学では，今後の社会で活かすことのできる，正解がない事項に対応するための基礎を身につけることができる[10]。

　例えば，法学の授業の中で，教員が他の学者の見解や最高裁の判例を批判することもある。期末試験で高い評価を得る上で，答案作成の際に必ずしもその教員の考えを採用する必要はないものの，なぜ自分がその見解を採用したのかは説得的に記述しなければならな

---

[9]　例えば，法務部長から社長に伝えてもらう，顧問弁護士から違法という意見書をもらう，社外役員（社外取締役・社外監査役）から取締役会で止めるよう申し入れてもらう等の対応が考えられる。

[10]　藤村編・考える力を高めるキャリアデザイン入門23-26頁。

い（この点は司法試験や予備試験〔→第9章2〕の論文式試験にも当てはまる）。このような，授業や試験に向けた勉強を通じて，説得的な論理構築の作法を学ぶことができる。

　また，少人数の演習等，グループワークを含む授業も多い。そのような授業では，いかにグループで協力し，グループとしてよりよい結果を生み出すか，というコミュニケーション能力を培うことができる。さらに，レポートやパワーポイント資料（グループワークに基づくものを含む）の作成と発表は，リサーチをした上で他の人の見解を踏まえながら自分の考えをいかに説得的な形でまとめるかという実践の機会でもある。つまり，大学は正解がない問題への取り組み方を学ぶ機会を与えてくれる，ということである（なお，サークル活動等においても同様の学びを得る機会があるだろう）。

　このように，社会に出てからは，ゲームのルールが違うところ，大学（特に法学部）における学びを活かすことで，社会人としてよりよくキャリアを形成することができる。だからこそ，大学の勉強においては，単位さえ取ればいいという姿勢で臨むのではなく，ぜひ積極的に取り組んでほしい。

2　法学部生とキャリアの関係

(1)　ルールに基づく処理

　末弘厳太郎博士（1888-1951）は，法学部での学びがいかに社会で活きるかについて，以下のとおり述べている。少し長いが引用しよう。

　　「一定の規準を立てて，大体同じような事には同じような取扱いを与えて，諸事を公平に，規則的に処理しなければならない。たまたま問題になっている事柄を処理するための規準となるべき規則があれば，それに従って解決してゆく。特に規則がなければ，先例を

　調べる。そうして前後矛盾のないような解決を与えねばならない。また，もし規則にも該当せず，適当な先例も見当らないような場合には，将来再びこれと同じような事柄が出てきたならばどうするかを考え，その場合の処理にも困らないような規準を心の中に考えて現在の事柄を処理してゆく。かくすることによって初めて，多数の事柄が矛盾なく規則的に処理され，関係多数の人々にも公平に取り扱われたという安心を与えることができるのであって，法学的素養の価値は，要するにこうした物事の取扱い方ができることにある。法学教育を受けた人間が，ひとり裁判官，弁護士のような専門法律家としてのみならず，一般の事務を取り扱う事務官や会社員等としても役立つのは，彼らが右に述べたような法学的素養を持つからである。」

　末弘厳太郎「新に法学部に入学された諸君へ」法律時報9巻4号（1937年）16-18頁より

　社会人は様々な事務を処理していく必要があり，ともすると，場当たり的に物事に対処しがちになる。しかし，法学的素養を習得することによって，ルールに従った首尾一貫した解決をすることができる。このような規則正しい処理は，法律を扱う仕事以外に従事する場合においても重要である。上記の末弘博士の言葉は実に90年近く前のものだが，今なお通用する。

　だからこそ，法学教育は，たとえ法律を直接扱わなくとも今後のキャリアの発展に役に立つ。その意味では，例えば法学部以外の学部出身者が法務等の仕事を通じて法学のものの考え方を学ぶことにより，キャリア発展につなげることも可能だろう[11]。

(2)　世の中の見方に関する新たな視点の獲得

　法学部に入り，法律を学ぶことで「法律のメガネ」をかけて世の中を見ることができるようになる[12]。植物の名前を知ると，「雑

---

　11)　なお，近年 STEM（Science, Technology, Engineering & Mathematics）教育の重要性が説かれているところ，このようないわゆる理系の素養も一定程度あればまさに「鬼に金棒」である。

草」がそれぞれ異なる草花として見え，薬草だと分かることもある。これと同様に，法律を知ることで，新たな視点を獲得することができる。

このような視点がキャリアにおいて意味を持つこともある。例えば，法律以外の視点から物事が議論されているときに，「この問題を法律の観点から考えると，異なる見方ができる」という新たな切り口を持ち込むことで，独自の価値を発揮することができる。

(3)　法律・法務系キャリアの基礎知識の習得

そして，本書の後半（→第8章以下）において取り上げる法律・法務系のキャリアを発展させる上では，ある程度以上の法律知識や応用力が必要である。その場合に法学部で学ぶ内容はそのような応用の前提となる基礎知識であり，まさにキャリアの礎となり得る。

3　キャリアを考える上での基礎知識

(1)　キャリアを知る

法学部での学びを今後のキャリアに活かす上で，まずはキャリアに関する基礎知識を得ることが重要である。基礎知識がない中では良い考えはまとまらない。人的資本経営（→第2章）・新卒一括採用・終身雇用制・転職・メンバーシップ型雇用・ジョブ型雇用（→第3章）・リスキリング（→第4章）・副業・自営的就労（→第6章）等のキャリアに関連する基本的な概念を学び，それを踏まえて考える必要がある。

---

12)　小谷昌子「医事法──医療に関する法律問題を考究する」法学教室487号（2021年）別冊付録「法学科目のススメ」23頁。

(2)　ビジネスを知る

　どのようなキャリアを選ぶとしても，キャリアとビジネスは，切っても切り離せない関係にある。つまり，企業が営んでいるビジネスに応じて，従業員の業務内容や，従業員に求められるものが変わってくる（→第2章4）。そこで，自分が将来所属する可能性がある業界や企業を研究し，ビジネスの将来性や，労働者への還元状況等を踏まえてキャリアに関する意思決定をすることが考えられる。

　学生のみなさんに身近なアルバイトやインターンはビジネスを知る1つの良い方法であるが，それだけでは狭い範囲の理解にとどまってしまうおそれもある。ビジネスの全体像を知るためには，そこで得た「経験」を基礎として理論面も勉強をしていく必要がある。

(3)　法律・法務と関係するキャリアを知る

　法学部出身者が法律と直接関係のない仕事をする場合でも，法学部での学びが役に立つことは前述のとおりである（→2）。

　もっとも，法学部の学びを直接的に活かすという趣旨で，法律・法務と関係するキャリアを検討することに意味がある。

　本書は，企業法務（→第8章），法曹（→第9章），公務員（→第10章），立法への関与（→第11章）等のキャリアを取り上げている。

(4)　自分のキャリアに影響を与える側の視点を知る

　自分のキャリアは他人に大きく影響される。例えば，就職活動における内定や，就職した後の人事異動は，いわば「他人」である採用担当者や人事部の判断に基づく。弁護士になって希望する特定の分野の事件を依頼されるかどうかも依頼者の判断次第である。そこで，自分のキャリアに影響を与える相手の立場から自分がどう見えるか，その立場からチャンスを与えたい人になるにはどうするかという観点でキャリアを考えることが重要である。

4 過去・現在・未来

(1) バックキャスト思考でチャンスをつかみ取る

一般論として，実績がないと声がかからないし，たとえ声がかかっても，実力がないと，成果を出して次につなげることができない。そのような中で，「実績がないために声がかからない結果，経験を積むことにより実力を向上させることができない」という負の連鎖が発生することもある。また，「経験不足で実力が向上しない」という部分はあるとしても，実力そのものを向上させなければ，仮にチャンスを得ても，次の経験につなげることは難しい。

だからこそ，過去・現在・未来という視点を基に実績を獲得していくことが重要になる。過去に全く同じ実績はないとしても，自分には過去の経験を踏まえて現在の状況に対応する能力があるから将来に向けてチャンスが欲しい旨を説明するべきである[13]。

希望する仕事に必要な能力，経験，資格等が最初からきれいにそろっている人はいない。だからこそ，将来自分の希望するキャリアを実現したいのであれば，まずは自分の希望するキャリアがどのようなものかを明確にし，次にそこから逆算して，当該キャリアをつかみ取るために必要な能力，経験，資格等を考え，そしてその能力等を獲得するために，今何をすればいいか，という順番で考えることが適切だろう（これは将来から現在へという方向で思考する，いわゆるバックキャスト思考をキャリアに応用したものである）。

なお，新卒採用においてもこのフレームワークは利用可能である。

---

13) 一般には，①誰に，②何を伝えて，③何をしてもらうか，という3点を考えるとよい。例えば，①就職面接の面接官に，②自分がその仕事に適任だと伝えて，③内定を出してもらう，といったイメージである。

例えば,「このような条件を満たす会社に入りたい」という展望を基に,「そのような会社の求める人物像」を踏まえ,「大学時代に力を入れたことや資格等を基に自分の（潜在）能力を証明して内定を獲得する」という観点から,その前提で大学生のどの時期に何をするかを検討することが考えられる。

(2) 職務経歴書をデザインする

このような観点でキャリアを考える場合には,自分の「職務経歴書」をデザインするというイメージを持つことが有用である。職務経歴書とは,転職の際に利用する,キャリアにおける具体的な経験と,その経験に基づきどのような能力を持っているか（そしてそれを基に転職先でどのような貢献ができるか）を説明した文書である。例えば,以下のようなものが挙げられる。

〈時期〉2025 年から 2028 年にかけ,
〈立場〉企業法務部門の M&A チームの担当者として,
〈業務内容〉先輩および上司（チーム長）と協力しながら,外国企業との M&A プロジェクトについて,日本の弁護士と現地の弁護士と事業部門の間のコミュニケーションを行った。
〈実績〉重層的に適用され,時には相矛盾する日本と現地の法制度や規制を踏まえながら適法かつ安全に現地企業を買収した。
〈獲得した能力〉この経験を通じて,複雑かつ困難な案件の法務対応能力とともに,外国企業である売主や現地弁護士等に,現地の慣習との相違を踏まえ,日本独自の背景事情を噛み砕いて伝えるコミュニケーション能力等の,国際取引に必要な能力も培った。

将来の転職等を想定し,職務経歴書を基に自分に内定を出すべき旨を説得するという観点から,バックキャスト思考（→(1)）を用いて,現時点でなすべきことを決めていくべきである。すなわち,未来の特定の時点（転職が想定される時期）までに,それを裏付ける

経験（海外経験，法務経験等）を積むという観点からキャリアをデザインする，という思考過程が考えられる。もちろん事前に完璧にデザインすることまではできないものの，大きな方向性（→(5)でいうポリシー）をデザインする姿勢を持とう，ということである。

(3)　点と線（Connecting the dots）

このような職務経歴書のデザインの話を読むと，読者のみなさんは，まるで首尾一貫した「美しいキャリア」だけが正しいキャリアであるかのようにも思えてくるかもしれない。もちろん，美しいキャリアを歩むことができれば，説明がしやすいことは間違いない。しかし，これを逆にいうと，説明することさえできれば，どのようなキャリアを歩んでも問題はないともいえる。実際，法務を希望したのに営業に配属されるなど，自分の目指すキャリアと異なるところに配属されることは十分にあり得る。

点（個別の経験）がつながって線（過去，現在，そして未来のキャリア）になる。経験が相互に関係が深いものであれば，わかりやすいキャリアになる。しかし，たとえそうでなくても，その経験が相互につながっていることを堂々と説明すればよい。星座は時に，やや強引に，星と星をつなげている。しかし，それでも多くの人はそこにギリシャ神話の登場人物や動物等を見出すものである。

だからこそ，わかりやすいキャリアでなくても経験相互の関連性を説明することで，将来をつかみ取ることができる。上記（→(1)）の過去・現在・未来というフレームワークでいうと，キャリアがいわば「とっ散らかって」いて説明しにくい場合，未来のチャンスをつかむことに一定の困難性があることは否定できない。しかし，点と点の関連性をうまく説明して，過去の経験が今に，そして未来に活きると説明することができれば，むしろわかりやすいキャリアでは得られない魅力的なものを持っていると評価される可能性がある。

　例えば，新卒で採用された会社において法務への配属希望を出したものの，最初の2年間は営業に配属されたという場合でも，「営業では海外企業の日本法人に自社の商品を買うべきであると英語で説明する中で，英語能力を培った。また，契約条件に関する交渉を積み重ねる中で契約や法律への理解を深め，法律の勉強をさらに継続し，その後法務に配属された」というストーリーであれば，営業時代の経験が，英語力や法律・契約に関する能力に活きており，ビジネスの視点も有しているということで，むしろ一貫して法務で経験を積んできた「美しいキャリア」の人よりも魅力的だと評価されるかもしれない。

⑷　チャンスの女神の前髪をつかむ

　チャンスの女神は前髪しかないといわれる。例えば重要な仕事の機会が与えられ，「できますか？」と聞かれたとき，すぐさま「ハイ」と答えることができてはじめて，それをつかみ取ることができる。そのためには手を挙げることと，事前準備の双方が必要である。

　まずは，手を挙げてアピールしなければいけない。一般には有能で実績があり，「その人に頼んでおけばうまくいく」と信頼されている人に仕事が来る。その中で，若くて実績がない人がチャンスをつかむには，とにかく手を挙げ続けなければならない。ここでいう「手を挙げる」というのは，一種の比喩である。チャンスを与えてくれそうな人に，「このことに興味を持っていて，ぜひともやりたいのだな」と思ってもらうため，アピールすることが必要である。1回その話をしただけでは聞き流されたり，「単に話を合わせてくれただけかな」と思われたりすることも多い。そこで，やりたいという希望を繰り返し伝えるべきである。

　手を挙げても最初に得られるのはせいぜい「代役」のようなものに過ぎないかもしれない。そのような状況では，次の依頼が来る保

証は全くなく，その数少ないチャンスで実力を証明しなければならない。そのためには常に実力向上のための事前準備が必要である。

　周囲から期待をかけられ，その期待に応えることで，実際に成長する，という現象が見られる。同期入社した新卒者同士の力量はあまり変わらないはずである。しかし，他の人とほとんど差がなくても，同期の中で相対的に成績がよかったなどの理由で周囲から期待され，華々しい仕事を割り当てられ，そのような仕事を経験する中で鰻登りに実力が上がることがある。最初から期待されている人はこのチャンスを活かすべきであるが，そうでない場合，積極的に手を挙げ，仕事を経験する中で実力を向上させるべきである。

(5)　固定的ポリシーと，柔軟な具体的対応

　このような形でキャリアを発展させる上では，ポリシーだけはある程度固定的に持った上で，それを実現するための具体的な対応については柔軟に考えるという思考方法が1つの指針となり得る[14]。

　まず，何事も，少なくとも「勝負所」では一定程度時間をかけて精力を注ぎ込まなければ，ものにならない。短期間でコロコロと変更しながら相互に無関係なこと（実は関連していると説明する〔→(3)〕ことすらできないこと）ばかりを繰り返すと，せっかくのチャンスが来ても「□□という経験をしているので○○をすることができる」と答えて次につなげる（→(1)）だけの実力をつけられない，ということになりかねない。

　同時に，予測不可能な VUCA 時代（→(7)）には，柔軟な対応も必要である。例えば，希望と異なる部門に配属されても，その環境を活かして将来につなげることも考えられる（→(3)の例）。

　このような観点からは，まずは大きなポリシーを若手のうちに形

---

14)　松尾・ChatGPT と法律実務 270 頁。

成し，ある程度固定的なものとすべきであろう。そのポリシーの立ち現れ方はその後の具体的事情によるものの，自分のキャリアの大きな方向性については，まず大学時代に仮説を立てるなどして考えておいて，社会に出てから早いうちにそれを検証し，固めておく。それを1つの「判断基準」として，例えばそのポリシーに沿ったキャリアを形成するにはどうするかを考えて勉強をし（→第4章），資格を取り（→第4章4），経験を積み，手を挙げる（→(4)）。また，キャリア上の転機があった場合につき，自分のポリシーに基づき，その話を受けるかどうか等を判断・選択しながら，キャリアを形成していく。

　上に述べたように，ポリシーが決まったとしても，その具体的な立ち現れ方はそれぞれの時代や運等にもよって変わってくる以上，柔軟に対応すべきである。例えば，大学1年生の段階で「こうなりたい」という強い思いがあったとしても，自分の考えが変わることもあるし，種々の経験を通じて自分に向いていないことがわかるかもしれない。さらにはAI時代（→第12章）等を見据えると先行きが暗くなるかもしれない。そこで，ポリシーの根幹以外の部分については，「まずはこのような方向性を考えているが，それが難しければこれもあり得る」などと比較的幅広く柔軟に考えるのがよい。個別の経験を繰り返す中で，漠然としていた道がますます明確になってくるということや，後で振り返ると「あれもこれも全てつながっているな」と思うこともあるだろう（→(3)）。

　そのような意味では，現時点の想いは尊重するとしても，それが将来変わり得ることは認識しておこう。ただ，核心となる部分をポリシーに基づき判断をすることで，流動性はあっても，将来的に自分なりに決めた道だ，と納得できる可能性が高まる。

　例えば，「法律を軸に人々を幸せにする」というポリシーなら，まずは法律をしっかり勉強して基礎を作ることになるだろう。もっ

とも，具体的な仕事としては，（事務所所属の）弁護士になるかもしれないし，（インハウスを含む）企業の法務担当者となるかもしれないし，人々の幸せを作る法律を作ったり（立法側），執行する側（公務員）になったり，場合によってはリーガルテックの開発をすることになるかもしれない（→第8章～第12章）。

ポリシー自体をある程度固定的にすることで，最初に学ぶべきことや習得すべき基礎の内容（例えば法律の基礎の習得）が明確になる。しかし，そこから具体的に立ち現れてくるキャリアのあり方は様々なものがあり得る。視野を広く持ち，そのような様々なキャリアの可能性を（ポリシーの範囲内で）幅広く考えるべきである。

(6) キャリアアンカー論

時代や状況が変化しても，自分にとって不動の「碇（いかり）」のようなものは何かを考え，時代や社会の変化に応じて柔軟に対応しながらキャリアを構想するというのがキャリアアンカー論である。ここでは，自分自身が自覚している才能（何ができるのか）や動機（何がしたいのか），価値（何をすることに意味があるか）が発揮される領域は何かを深く問いかけ，これをキャリア形成のよりどころにしていくことが有用とされる[15]。

キャリアアンカー論は，上記（→(5)）の，ポリシーを持ち，それ以外は柔軟に対応するという考え方を理論的に裏付けるものといえる。

(7) 大学時代からキャリアを考え始めることの意味

「今から将来のキャリアを考えよう」と言われても，「目の前の就職活動のことは考えられる（考えざるを得ない）けれども，何十年

---

15) 稲葉ほか・キャリアで語る経営組織108頁，渡部・人物で学ぶキャリア理論40-41頁。

キャリア・アンカー

種　類	特　徴
専門・職能別コンピタンス	自分の得意とする専門分野のなかで自分の価値を形成し，その分野でさらに専門的な能力を身につけようとすること
全般管理コンピタンス	特定の専門分野にとらわれず，組織の階段を昇って積極的に責任をとるようなゼネラル・マネジャーをめざそうとすること
自律・独立	自分のペースや仕事の仕方を優先するために，会社の方針には合わないことが多く，独立的に働こうとすること
保障・安定	将来にわたる長いキャリアが安定し，生活が保障されていることを優先し，会社に進んで従おうとすること
起業家的創造性	創造的な作業に従事することを優先し，その成果が評価されることに喜びを感じること
奉仕・社会貢献	広く世の中や社会に対して貢献できることに価値を置いていて，それが実現できる職に就こうとすること
純粋な挑戦	専門分野にかかわらず，困難な課題や障害を乗り越えることに価値を置き，自分を試そうとすること
生活様式	私生活や仕事など，さまざまなものを1つのライフスタイルとしてうまく調和させようとすること

出所：稲葉祐之＝井上達彦＝鈴木竜太＝山下勝『キャリアで語る経営組織〔第2版〕』（有斐閣，2022年）109頁

も先のことは考えようがない」と思うかもしれない。例えば，23歳から72歳まで働くなら，最終的には50年後を見据えることになる。50年前の1974年（当時の首相は田中角栄である）に2024年の状況を正確に予測できた人はほとんどいないだろう。そうすると，例えば学生時代に今後のキャリアとして何か特定のものを想定しても，その後様々な不確定要素によって，実際のキャリアは当初予定

したものとは変わっていかざるを得ない。それにもかかわらず，現時点からキャリアを考えることに意味はあるのだろうか。

　特に現在は VUCA（Volatility・Uncertainty・Complexity・Ambiguity），つまり，様々な予想もできない大きな変化に見舞われる時代だといわれている。50 年前どころか 5 年前の 2019 年に，「2020年代前半には，疫病が世界中に蔓延して日本でも緊急事態が宣言され，国連安全保障理事会常任理事国が侵略戦争を行い，1 ドル 200円も見えてくるような円安になる」などと聞いたとして，人々はそれが現実になると思ったであろうか。

　だからこそ，プロティアンキャリア論が提唱されている。これは，ギリシャ神話のプロテウス神のような変幻自在のキャリアをいう。つまり，常に学び続けることで自らの人生のキャリアの方向性を自ら再構築することができるということである[16]。このような議論から分かるように，キャリアは決して固定的・直線的なものではなく，社会の変化に応じて自由自在に変更してよいものである。

　長期間の職業生活の中，世の中の変化に合わせて，柔軟なキャリアの変更を行うのであれば，「行き当たりばったり」の対応でもよいのではないか，将来の事情の変化は予測できない以上，無駄な努力に終わるのではないか，と思う方もいるだろう。

　上記（→(5)）では，ポリシーを持ちそれ以外は柔軟に対応するという考えを提唱した。つまり，キャリアの変更自体は柔軟に行う前提で，自分はどこでどのように付加価値を発揮したいのかといった大きな話はポリシーとしてある程度（15〜20 年程度）固定的なものを考えて，そのような付加価値を発揮できるだけの実力を身につける，ということである。特に大学時代の 4 年間は，自分のやりたいことを見極めることができる時期であり，社会人になる前の大学時

　16）　渡部・人物で学ぶキャリア理論 64-65 頁。

代にそのポリシーをじっくり考えることには大きな意味がある。

　そして，このような考え方は，計画的偶発性理論（planned happenstance theory）とも親和性が高い。偶然の出来事が起きる前には自分の様々な行動が存在し，それが次に起こる偶然を決定するのだからそれを積極的に活用しよう，というのが計画的偶発性理論である[17]。長期的にはキャリアの形成は偶然の要素が多いものの，むしろ事前に計画を立てることによって自分にとってより良い偶然を招きこもうとするものである。

　柔軟に対応すべき部分は偶然の出来事と関係することも多い。具体的にどのような仕事をすることになるかは，労働者キャリアの場合は人事部の決める人事異動や上司からの指示如何によるし，経営者キャリア（→第2章3(1)）であっても，何を顧客から依頼されるかによる（→第1章3(4)）。そして，むしろそうであるからこそ，自分のキャリアのチャンスになるような偶発性が起こる可能性を最大化し，その機会を最大限利用できるよう，ポリシーを決めるべきであるし，そのような大きな方向性を決めるためにも事前に大まかな計画を立てる必要がある。そしてこれこそが，現時点からキャリアを考え始めることの大きな意義なのである。

5　将来のキャリアを見据えて現在何をすべきか
（⇒有斐閣ウェブサイト Column も参照）

(1)　「好き」を仕事とすべきか

　学生がよく悩む問題に，「好きなことを仕事にすべきか」ということがある。典型的には，「好きなものそのものを仕事にする」のか「好きなものを単なる趣味とする」のかとして，二項対立的に物

---

17)　藤村編・考える力を高めるキャリアデザイン入門 97 頁，渡部・人物で学ぶキャリア理論 50–53 頁。

事を考える傾向があるように思われる。

　まずは，視野を広げて「好き」と「仕事にする」の双方の意味を拡張して考えよう。前者についていえば，「現時点で自分自身が好きなもの」というのは，決して「将来好きになるものの全て」ではない。単にいまは自分がその存在を知らないだけのものもあるし，将来的に好きになるものもあるかもしれない。また，後者についても，例えば音楽を「仕事にする」という場合，自分が作詞する，作曲する，演奏する，歌唱するといった関与以外にも，マネージャー，プロデューサー，広報，さらには音楽に関連する企業の法務（→第8章）で契約をレビューするような関与もある。

　そして，好きなものと仕事の関係はある種のグラデーションとして考えるべきである。例えば，「好きなものそのものを仕事とする」「関係が強いことを仕事とする」「薄いが何らかの関係があることを仕事とする」「無関係なことを仕事とし，好きなものは趣味として楽しむ」まで様々なグラデーションもあるし，副業にする（→第6章）という選択肢もある。

　このような柔軟な考えの下，それぞれの事物について，最適な「距離感」や「バランス」を自分なりに探すことが重要である。

(2)　自分に向いているキャリアを考える

　自分に向いているキャリアを考える上では，自分が今後進む可能性があるキャリアについて広く情報を収集（→(3)）した上で，それが自分にとって好きか，得意か，社会の役に立つか，そしてお金を払ってもらえるかなどを考えることが重要になる。この点については，生きがいに関する次頁の図が参考になる。これらに多く当てはまるものほど，幸せなキャリアを形成しやすい可能性がある 18)。

---

　18)　なお，「好き」を仕事にするかどうかについては，上記（→(1)）で述べたとおりであって，この4つが全て重なるもの以外は一切将

生きがいの探し方

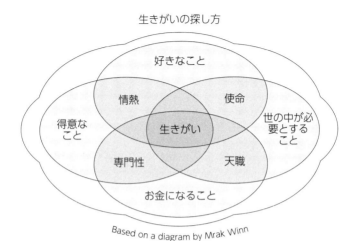

Based on a diagram by Mrak Winn

出所：Héctor Garcia, Francesc Miralles, *Ikigai*, Penguin Publishing Group, 2017
　（筆者加工）

　具体的には，（少なくとも将来において）他人と比べて付加価値を
出すことができる分野であるか，ニッチでもよいから社会にニーズ
が存在するか，職業生活を成立させる上で相応の対価・待遇を得る
ことができるかなどを検討することになる。

(3)　情報を積極的に収集し，検討する

　上記（→(2)）のような自分にとって有意義なキャリアの検討の前
提として，情報収集が必要となる。例えば，どのような職業が存在
するか，それぞれどのような人が向いているか，キャリア開始前後
にどのような能力・資格を習得する必要があるか，何がその職業の
良さ・辛さといったことを事前に知っておくのは重要である。

　入社してから期待と現実が大きく違ってショックを受けるという
ことはよく見られる。その解消のため，Realistic Job Preview

────────────

来のキャリアとして選択すべきではない，とは全く考えない。

（RJP）といわれる方法が提案されている。入社前に入社後の現実（ネガティブなものも含めた具体的な情報）を知らせることで，やる気がある人だけがその仕事を選ぶことになり，その結果として組織やキャリアへのコミットが高まり，そしてショックを軽減することができるというものである[19]。そのような具体的な情報を事前に入手することが重要となる。

　情報収集には，友達や家族等の知り合い，キャリアセンター，ゼミ・サークル・部活の OG・OB，実務家教員を含む教員，インターネット等の様々な方法があるだろう。また，将来の自分の生き方のお手本となるロールモデル[20]を探すことも有益である。ただし，完璧なロールモデルはなかなか見つからない。ワークライフバランスについて，留学について，マネージメントについてなど，一部でもいいから参考にしたい部分があるロールモデルを探すことを意識するとよい。その上で，話を聞く，鞄持ちをさせてもらう等の行動につなげる必要がある。加えて，パーソナリティ等，「自分を知る」ということも重要である[21]。

　このようにして情報を集め，情報を基に仮説を立て，行動して検証することを繰り返して将来を構想していけば，豊富な将来の可能性の中から，自分自身で未来をつかみ取ることができる。その際には，ぜひ自身の可能性に情熱を燃やしてほしい。ただし同時に，「自分にはこれしかない」という思考狭窄に陥らないため，冷静さを併せ持つことも意識するとよいだろう。

---

19)　稲葉ほか・キャリアで語る経営組織 43 頁。
20)　岩上 = 大槻編・大学生のためのキャリアデザイン入門 164 頁。
21)　現実的，研究的，芸術的，社会的，企業的，慣習的という 6 つの基本タイプから人や環境が特徴付けられるとするキャリア選択理論を参照。アーサーほか編・現場で使えるキャリア理論とモデル 177–187 頁。

⑷　優先順位付けに基づき「今やるべきこと」を決める

　積極的な情報収集と検討を繰り返すことで，徐々に方向性が固まってくる。その中で，バックキャスト思考（→4⑴）を基に今何をすべきかを考えるべきである。4年間の大学生活は，始まる前には十分過ぎる程の時間があると思うかもしれない。しかし，筆者の経験では，後で振り返ってみると非常に短かった。「やっておきたいこと」が全てできるというわけではない[22]。そこで，キャリアに向けて今やるべき優先度が高いものが何かを考えるのがよい。

　優先順位をつける意味は「優先順位No.1のものしかやらない」ということではない。確かに，「やらないものを決める」ということは重要である。しかし，学生の場合には優先順位が一番ではなくてもそれなりにやっておくべきことがあるように思われる。

　例えば，大学生の間は部活動を最優先とし，「部活で得られる経験を活かして就職することでキャリアを発展させる」とした場合，もし授業や試験勉強を疎かにし，留年してしまえば，予定どおりの就職に支障をきたしかねない[23]。また，「勉強こそが最優先」の場合でも，この4年間は様々なことができるチャンスであるにもかかわらず，本当に勉強以外に何もしなくていいのかは疑問である。

　要するに，バランスの問題であって，優先順位をつけながらも，ある程度バランスをとりつつ，どの事項にどの程度の時間と精力を注ぐかを考えるべきである。

　優先順位が2位以下のものについては，要所を締めることを意識

---

22)　やりたいことリストを作って潰していくというのも一案だが，必ずしも全部は潰せない。

23)　ここでは，一律に4年で必ず大学を卒業しなければならないという話をしているものではない。例えば優先順位をつけた結果，1年留年してその間に外国に留学するという選択もあり得るかもしれない。あくまでも，部活で得られる経験を活かして就職するという計画がうまくいっていないという点を指摘しているに過ぎない。

すべきである。優先順位が必ずしも高くないとしても，それぞれの事柄において重要な部分が何かを考え，そこを押さえる。例えば法律の勉強ならば，それぞれの法律ごとにポイントとなる部分があるので，最低限そこだけは押さえるというイメージである。

　また，徐々に練り上げるという考え方も重要である。ある事柄のうちの一番重要と思われるところだけを終わらせた後，他のものとの関係で時間ができれば少しずつ重要性が低い部分にも手を回していく，というイメージである。例えば法律の勉強ならば，まずはそれぞれの法律の最重要な部分を押さえた後，余裕のある時に少しずつ重要度の落ちる部分も押さえていく，といった具合である。

⸜Column　法学部生が法学以外を学ぶ意味，他学部生が法学を学ぶ意味

　本書は主に法学部生を対象としており，本書の基となった講義も，法学部で開講している。もっとも，筆者は法学部以外の学生の受講も歓迎しているし，法学部生に法学以外の講義を受けることも勧めている。

　そもそもビジネスは多くの部門が協力し合って成り立つものである。法務と同じ管理部門にも，経理や経営企画などが存在する（→第2章）。法学部生は，会計学や経営学を学ぶことで，そのような隣接部門の業務を理解できる。また，経済学はビジネスの背景を理解する切り口として有益であるし，金融を学ぶことでビジネスの生命線であるお金の流れを理解することができる。このように，法学部生は様々な他学部の講義（法学部で開講されているものを含む）を受講することで，将来的にビジネスの理解に役立つ視座を得ることができる。

　また，法学部以外の学部に所属する学生も，法律に関係するキャリアを知ることで，キャリアの選択肢を増やすことができる。今後ますます変化が早くなり，多様性が増す社会において，先例のないものを公平に扱う規準を見出す法学的素養（→2(1)）が活きる場面が増え，「法律の素養のあるビジネスパーソン」という姿も重要なものとなると考えられる。もし法律と関係するキャリアが面白そうであれば，他の法律関係の講義を受講・聴講してみるのもよいだろう。

第2章

キャリアとの関係におけるビジネス概論
―法務の観点から―

1　キャリアとビジネスの関係

(1)　キャリアとビジネスの間の密接な関係

　読者のみなさんの多くは企業等に就職したり，公務員となったり，弁護士等の自営業になると思われる。企業就職や自営業は，まさに民間の主体として（または民間の主体に所属して）職業活動を行うことになる。そのような将来を見越すのであれば，自らの所属する企業等のビジネス（例えば企業の従業員の場合）や，自らの営むビジネス（例えば法律事務所経営の場合）に関心を持たざるを得ない。また，公務員のキャリアでも，後述のとおり公務員の仕事もビジネスと密接に関わっている（→(2)および第 10 章 Column）。

　例えば，特定の業界のビジネスがとても有望ならば，ビジネスの成長に伴い自分のキャリアを発展させることは容易である。これに対し，ビジネスがうまくいかない結果として，例えば所属企業のビジネスが停滞し，リストラが始まる，倒産する等といった形で，自分のキャリアに悪影響が及ぶ可能性もあるだろう。

(2)　法学部生のキャリアとビジネスの間の密接な関係

　法律・法務以外のキャリアでも法学部の学びが活きることは前述（→第 1 章 2 (1)）のとおりであるものの，法学部出身者特有のキャ

リアとして，法律・法務に関係するキャリアが想定される。

　法律はビジネスとの間に密接な関係がある。多くの法律は様々な主体の様々な活動を推進したり，それらの活動によって生じる弊害等に鑑みて規制したりしている。例えば，安全で有効な薬は病気を治し，公益を増進するが，薬害などの弊害は防止しなければならない。薬機法を含むヘルスケア関連の法制度は，例えば「保険の対象として，医薬品の利用を促進する」というビジネス促進の面もあるが，国民の生命・身体の安全を保護するため，製薬会社に対するライセンス制度や，医薬品の承認制度，品質確保に関する規制等の厳しい法規制となっており，ビジネスに対してリーガルリスクを生じさせる面も同時に備えている[1]。そこで，例えば製薬会社は，そのビジネスを適法に推進するため，社内の（弁護士資格を持つものを含む）法務担当者（→第8章）や，顧問弁護士（→第9章）に法令遵守（コンプライアンス）等に関する業務を行ってもらう。これはまさに，法律・法務がビジネスと密接に関連するからこそ，ビジネスに関する法律・法務のキャリアが開けていることの例である。

　それ以外の業種でも様々な業種特有の規制（業法）や業界横断的な法令も存在する[2]。そこで，企業の法務担当者や企業法務弁護士は日常的に，「特定のビジネスが法制上適法か」，「リスクがあるとすれば，リスクを減らすにはどうすればよいか」を考えている。

　法制度がビジネスに与える影響としてはリーガルテック（→第12章）の例が分かりやすいだろう。法務業務をテクノロジーによって効率化するリーガルテックは，AIが契約審査を支援するなど，

---

1)　松尾・キャリアプランニング 163-165 頁。
2)　例えば「広告宣伝をするなら，自社の製品が実際よりも著しく優良だという誤解を招いてはならない」（優良誤認規制）という景表法等のルールがある（松尾剛行『広告法律相談 125 問〔第 2 版〕』（日本加除出版，2022 年），同『実践編 広告法律相談 125 問』（日本加除出版，2023 年）参照）。

業務を便利にしてくれるものであるところ，それは元来弁護士法に基づき弁護士にしかできない業務の範囲に入るのではないかという疑問がつきまとっていた[3]。各社が弁護士法を遵守するため，内部の法務担当者が，「弁護士法に抵触しないこの範囲でサービスを提供する」といった議論をしたり，顧問弁護士に弁護士法との関係に関する意見書を作成してもらったりしていた。このような状況において，2022年6月に法務省の公表した回答が「リーガルテックは弁護士法に違反する（グレーである）」という趣旨のものだと報道され，弁護士・法務界隈に衝撃を与えた。これはまさに法律およびその解釈がビジネスに大きな影響を与えた実例といえる[4]。

　このような，法律（法規制）とビジネスの密接な関係からも分かるとおり，法律を主管して執行したり，法政策を立案したりする公務員（→第10章）にとってもビジネスは関心事であり，それをよく知っておくことが重要である。

2　法学部生が理解すべきビジネスとは

(1)　安く買って高く売る？

　ビジネスとは何かを一言で説明するなら「安く買って高く売ること」である。つまり，売上と経費の間の差額である「利益」を得るのがビジネスである。

> 売上－経費＝利益

---

3)　松尾剛行「リーガルテックと弁護士法に関する考察」情報ネットワーク・ローレビュー18巻（2019年）1頁参照。

4)　なお，その後2023年8月1日にいわゆる法務省ガイドラインが公表され，合法的にリーガルテックを提供することができるようになった。この点は，松尾・キャリアプランニング147頁等を参照。

例えばスーパーのような流通業は，100 円で仕入れたものを 120 円で売る。この事例では，差額の 20 円が利益になる。また，機械メーカーのような製造業も，サプライヤー（原材料等の供給者）等から（完成品ではなく）原材料や半製品（途中まで組み上げた製品）の供給を受け，それを労働者が組み上げる。例えば仕入れ代金や加工代金，そして労働者の賃金等のコストの合計が 100 円なら，それを 120 円で売って 20 円の利益を得る。

ここで，なぜその「利益」が得られるのか，つまり，取引先はなぜ 120 円を払ってでも取引したいのかという観点は重要である。例えばスーパーは問屋から商品を仕入れている。そして消費者は，問屋が 100 円で売っているものをスーパーから買うことで，スーパーの利益である 20 円分だけ高い対価を支払っている。本来，その 20 円を払うべき理由は，「スーパーがその分だけの付加価値を与えているから」ということのはずである。

付加価値にはどのようなものがあるだろうか。例えば，「この会社を通せばいつでも安定供給を受けることができる」といったことはそのような付加価値の 1 つである。すなわち，1 つの農家との取引では 1 つの品目の作物を一時期に買えるだけだが，全国の農家と取引するスーパーと取引することで，いつでも様々な品目の作物を購入することができる。また，問屋は大口の取引しかしないので，野菜を最低 10 kg [5] からしか購入できないが，個人の消費者は大量の野菜を使い切れずに腐らせてしまうところ，スーパーはまとめて問屋から買い取った上でそれを「小分けにして売る」という点で付加価値を与えているということもあるだろう。

このように，本来そのビジネスが何らかの付加価値を持っているからこそ，その付加価値に応じた利益が生まれているはずという観

---

5) あくまでも説明のための設例である。

点でそのビジネスを分析することは，とても重要なことである。

(2)　オーナーの存在

　一般的に，就職活動の対象は株式会社である。株式会社には株主というオーナーが存在する。経営者（取締役）はオーナーである株主から預かった財産を管理し，ビジネスを通じて利益を上げる。そして，従業員は，経営者の手足としてビジネスを遂行する[6]。

　だからこそ，企業活動やそれに伴う判断は，オーナーである株主に対して説明できなければならず，「結果オーライ」ならよいという話ではない。そこで，業務を進めていく上では，第三者（特にオーナー）への説明という観点が重要である。

　例えば，多くの会社には，稟議といって，係長，課長，部長，本部長，そして社長，経営会議，取締役会等の承認印をもらう，いわばスタンプラリーのような手続があり，様々な立場の人の目から見ても説明できる内容であるかがチェックされる。また，業務の進め方においても，報告・連絡・相談等の上司等とのコミュニケーションが求められ，その中で第三者に説明できる内容かが確認されるのであって，自分で勝手に進めることはできない。

(3)　長期的な利益の重要性

　オーナーから預かった財産を最大化するため，リスキーなことをするという発想も全くないわけではないかもしれない。例えば，オーナーから「1億円を預ける，増えた分の3分の1を報酬として与える」と言われたら「カジノに突っ込んで，10倍の10億円になれば，3億円[7]を得られる！」といった発想を持つ人もいるかもしれない。また，不良品や粗悪品の販売等の詐欺的な行為や，違法な

---

6)　松尾・キャリアデザイン第9章。
7)　$(10-1) \div 3$。

偽造品や海賊版の販売等で利益を上げることができるかもしれない。

　しかし，そのような阿漕なやり方をしていれば，いつかは馬脚を現してしまう。一度投機に失敗すれば，オーナーの財産がなくなってしまう。また，詐欺的な行為をして一度顧客の不信を買えば，もう誰からも買ってもらえなくなるだろう。そして，犯罪や違法行為は警察や所轄官庁等から中止させられたり，被害者から裁判を起こされたりするかもしれない。要するに，そのような手法では短期的利益を得られるに過ぎず，ビジネスを継続することはできない。

　だからこそ，ビジネスにおいては，そのような短期的利益ではなく，長期的な利益に目を向けることが重要である。オーナーとしてはもちろん，結果的に財産が増えるかというところにも興味はあるだろうが，それがビジネスへの投資である以上長期的・安定的に収益を上げ続けることこそが，最大の関心事のはずである。

(4) ステークホルダーの存在

　長期的に利益を上げ続ける上で，利害関係者（ステークホルダー）との長期的な友好関係が重要である。主に，（オーナーである株主に加え，）従業員，取引先（販売先と供給者〔サプライヤー〕双方），消費者（B2C といわれる消費者向けビジネスの場合），銀行，行政，（例えば工場を想定すると）周辺住民等が挙げられる。

　これらのステークホルダーがその会社を支えてくれれば，会社のビジネスは順調に回る。例えば仕入れ代等の必要な資金を銀行が融資し，原材料の供給者（サプライヤー）が原材料を納入し，労働者が商品を生産し，消費者が商品を購入すると，上記（→(1)）の「売上−経費＝利益」が成立する。逆にいえば，もしステークホルダーが離反すると，とたんにビジネスは立ち行かなくなる。

　それゆえ，取引先や消費者等のステークホルダーに対して，短期的な利益のために不当な対応をすると，長期的利益を損ないかねな

い。例えば供給者（サプライヤー）に不当な低価格での納入を迫ったり，販売先に付加価値（→(1)）に見合わない高い価格で販売しようとしたり，消費者に対して欺瞞的な売り方をすると，相手は一度くらいなら我慢したり信じたりしてくれるかもしれないが，長期的には離反を招いてしまう。

また，銀行に対し，例えば一見整った事業計画を持参してお金を借りても，それが現実には到底実現不可能な計画であったならば信用を失うこととなり，もうお金を貸してはもらえないだろう。

さらに，周辺住民についていえば，例えば工場が設置され，その周りに労働者が住むようになって地域経済にも貢献するようになれば，工場を増設する際にも賛成してもらいやすいだろう。反対に，異臭・騒音のような公害等をもたらせば，周辺住民から嫌われ，工場の稼働さえ危うくなるかもしれない。

このように，長期的利益実現のためには，ステークホルダーとコミュニケーションをしながら信頼を獲得し，ステークホルダーに還元していく必要がある。そのような長期的利益の実現のため，企業は法務部門を組織し，長期的なリスク管理に取り組んでいる[8]。

3　ビジネスにおける経営者と労働者の関係

(1)　経営者キャリアと労働者キャリアの模式的な比較

例えば企業や法律事務所の経営をする経営者のキャリアと，会社員等の労働者のキャリアを模式的に比較すると以下のようになる。

まず，リスクという意味では，経営者はうまくいった場合に大きな利益（アップサイド）を得ることができる。例えば起業（→5）した会社を上場させることで，巨額の資産を得ることができるかもし

---

[8]　松尾・キャリアデザイン 7-10 頁および第 8 章参照。

れない。ただし，経営に失敗すると，財産の全てを失うかもしれない。これに対し，会社員であれば，会社が赤字であったとしても労働者は給料をもらえるという意味で収入が安定している。

　また，自由という意味では，経営者は自由を持っている。いわゆる大企業の経営者は上記（→2⑵）のとおりオーナーから経営を委託されており，説明ができなければならない等の制約がある。これに対し，自分でビジネスを行う，いわゆるオーナー企業等においては，経営者がオーナーでもあるのだから，相対的に自由度は高い。これに対し，会社員の場合には，人事権を会社が握っており，どの組織に所属するか，誰と仕事をするか（上司・同僚）なども会社が決めるため，様々な制約がある（→第3章1⑸）。

　最後に，キャリアという意味では，経営者は，ビジネスの内容を決定することができるという側面はある。例えば，法律事務所の経営者であれば，企業法務専門なのか，一般の消費者からの相談を受けるのかなどを自分で決め，自分自身のキャリアを発展させることができる。とはいえ，「この分野以外の仕事は受けません」と言うこと自体は自由でも，受任したい分野の仕事を十分に獲得できなければ，経営がうまくいかないリスクもある。これは，「自由の裏に責任がある」と評することもできるだろう。これに対し，会社員の場合には，仕事は会社（上司）が差配してくれるし，上記のとおり人事は会社が決める。そして会社のキャリアパス（→第3章2）に乗れば，ある意味では，自分でキャリアを考えなくても会社がキャリアを決めてくれるという側面もある。とはいえ，自分のキャリアなのに，会社に完全に「お任せ」にしていいのかという問題もあり，むしろある程度主体的にキャリアを考えた上で会社にそのような意向を伝えることが重要となってくるかもしれない（→第1章1⑵）。

(2)　短期的には一定の緊張関係が存在する

　上記（→2(1)）の「売上－経費＝利益」というビジネス観からすると，短期的には，経営者と労働者の間には一定の緊張関係が存在するといわざるを得ない。

　つまり，労働者に支払う給料は会社経営者の視点からは経費である。そこで，経営者が利益の最大化を図ろうとする場合には，経費となる給料を減らしたいということになる。

　一部の企業では，使用者が労働者を搾取し，ブラック企業と呼ばれる。もちろん，個別具体的な企業の実態次第だが，もしその企業が本当の意味で労働者を大切にしない「ブラック」な企業であれば，そこで働くことは労働者にとって損失が大きいだろう。

(3)　長期的には労働者に対し一定以上の利益の還元が必要である

　しかし，このような対立は長期的には止揚され得る。すなわち，労働者は重要なステークホルダー（→2(4)）である。だからこそ，長期的な観点でビジネスを考える場合（→2(3)），労働者に一定以上利益を還元し，労働者との良好な関係を構築し，その信頼を獲得できなければ，企業は継続的に利益をあげられない。

　近時，労働者とビジネスの関係について，「労働者は経費として給料を支払う相手ではなく，むしろ長期的に利益等を生み出す資本だ」と捉える人が増えてきた。このような観点で経営を行うことを人的資本経営と呼ぶ[9]。上場企業は，人的資本に関する情報開示を行うことが求められるようになった[10]。

　確かに，労使の間に短期的な緊張関係はあり得るし，また，最終

---

　9)　経済産業省・人的資本経営～人材の価値を最大限に引き出す（https://www.meti.go.jp/policy/economy/jinteki_shihon/index.html）

　10)　金融庁・サステナビリティ情報の開示に関する特集ページ（https://www.fsa.go.jp/policy/kaiji/sustainability-kaiji.html）

的には利害が一致しないところもあるものの，利害が一致する範囲は当然に存在する。そこで，ビジネスにおいて長期的利益を生むことができるように，経営者と労働者がその範囲で協調し，結果として得られた利益がフェアに労働者に還元されることが重要である。

4 社会・業界・組織・部門・チームとキャリア

(1) 社　会

キャリアを考える上では，まずは社会がどのようなもので，今後どうなっていくのかを知る必要がある[11]。

社会認知的キャリア論では，個人の特性のみならず，環境決定要因や行動変数までをも統合してキャリアを説明する[12]。要するにキャリアは，社会と個人の相互関係において形成されるということである（次頁の図参照）。

例えば，現代の日本社会では少子高齢化を背景とした「人手不足」（労働人口の減少）の中で，「従業員を大切にすることでこそ企業価値が増大する」という考えに基づき従業員にリスキリング（→第4章）等の投資をして，また，AI等の新技術（→第12章）を導入した上で，1人当たりの生み出す付加価値を上げること（労働生産性の向上）が模索されている。

個々人のキャリア，特に長期的なキャリアはこのような社会全体の動きの影響を受けざるを得ないだろう。例えば，企業がAIを利用して生産性向上を図る中，いつまでもAIの利用を拒否し続けることは現実的ではない（→第12章）。

また，社会常識，例えば社会における合理的な意思決定等につい

---

11)　岩上＝大槻編・大学生のためのキャリアデザイン入門48-49頁参照。

12)　アーサーほか編・現場で使えるキャリア理論とモデル263-273頁。

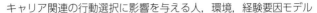

キャリア関連の行動選択に影響を与える人，環境，経験要因モデル

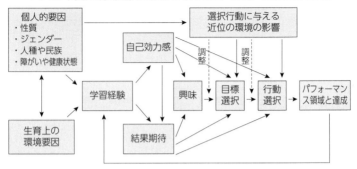

出所：ナンシー・アーサー，ロベルタ・ノート，メアリー・マクマホン編『実践アイデア　現場で使えるキャリア理論とモデル』（金子書房，2021 年）264 頁

て学ぶ必要がある。合理的な意思決定の例としては，完全な情報がない中，最適ではなくとも，とりあえずの満足が実現される選択肢がないかを探す。当面そのようなものが見つからなければ，新しい選択肢を探したり，妥協したりする意思決定プロセス（限定された合理性モデル）が挙げられる [13]。このようなフレームワークを知ることで，社会人として活躍しやすくなる。例えば，車を売るときに，買い手の意思決定過程を理解した上で新しい選択肢を提示するとか妥協を迫る等ができれば，適切な営業トークができる。法務（→第 8 章）や弁護士（→第 9 章）も，例えば，法的リスクが存在する中，事業部のやりたいことをほどほどに実現でき，かつ，法的リスクが少ない方法の提案をすることが可能になるだろう。

(2) 業　界

業界の大きな括りとしては，B2B（Business to Business；事業者間の取引）と B2C（Business to Consumer；事業者と一般消費者の取

---

13)　稲葉ほか・キャリアで語る経営組織 152–154 頁。

引）がある。消費者向けの広告が多い B2C 業界には，学生が知る企業も多い。B2B 業界には学生の間で名前が知られていない企業も多いが，優良企業も多数存在する。

その他にも，業界による差異は存在する。例えば，一般に給与水準はその会社がどの業界に属するか次第で大きく変わるといわれる。上場企業が開示する平均年収データを基に，業界ごとの平均年収が集計・公表されているが，一番高い業界と一番低い業界では大きな差がある。収入はあくまでもキャリア選択上の一要素に過ぎないものの，収入以外にも業界によりキャリア発展の可能性の高低等が異なっていることから，職種自体は同じでも，選択した業界によって就職後の満足度には大きな違いがあるだろう。

また，業界には栄枯盛衰がある。例えばかつて花形だった半導体業界は，2020 年頃には先行きが暗いと言われたが，その後は，国家プロジェクトによる再興が期待されている [14]。このような変化も念頭に置いて情報を収集し，業界研究をすべきである。

このように業界間の差異が大きく，業界には栄枯盛衰があり得ることを踏まえると，法務というスキルを獲得することによって「業界を跨ぐ」ことができるのは大きな魅力といえる。例えば機械の開発者は簡単には新薬の開発者にはなれないが，法務スキルがあれば機械メーカーから製薬会社に転職することもできる [15]。そこで，「自分が最初に選んだ業界が合わない」とか「業界の先行きが不透明だ」となった場合に，他の業界に活路を求めやすくなるだろう。

---

[14] 経済産業省 半導体・デジタル産業戦略検討会議（https://www.meti.go.jp/policy/mono_info_service/joho/conference/semicon_digital.html）。

[15] もちろん，薬機法その他の業界特有の法令は学ぶ必要がある。

(3)　組織（会社，自治体，事務所等）

　当該組織において共有された価値観，規範，信念は，組織文化（コーポレートカルチャー）と呼ばれる。例えば，定時に帰ることが「プラス」とされる組織と「マイナス」とされる組織があるように，組織ごとに共有されている価値観が異なることから，組織文化を知り，自分に合った組織に入ることが重要である [16]。

　それぞれの組織がバリュー（価値），ミッション（使命），ビジョン（目標）を確立すべき [17] とされ，近時では，これに加えてパーパス（存在意義）も必要とされる。これらの概念は次頁の表のように整理することが可能だろう。

　このような各社の方針は，組織文化がどのようなものであるかを推し量る上で参考になる。これは社風と呼ばれることもある。

　加えて，それぞれの会社が業界においてどのようなポジションを占めているかにも留意するべきである。例えば，同じ業界であっても，それがスタートアップか，中小企業か，上場企業かで，組織文化は大きく異なる。また，業界の競争状況によって，例えば（上位 2 社が大きい）航空業界における 3 位と，（大企業の数が比較的多い）ホテル業界における 3 位とでは意味が異なる。

　また，例えば「業界 10-20 位の中堅上場企業が 10 社ある」という場合でも，一括りに「中堅上場企業」として全て同様とは考えるべきでない。それぞれの会社の社風や組織体制等によって，入社後のキャリアは大きく異なる。新卒採用（プロパー）がメインで中途採用は少数派という企業もあれば，中途採用を積極的に行っている企業もあるだろう。また，昇進や給料で年功を重視するところもあれば，成果を重視するところもある（→第 3 章 4(1)）。さらには，

---

　16)　稲葉ほか・キャリアで語る経営組織 45-46 頁。
　17)　Ｐ・Ｆ・ドラッカー『ネクスト・ソサエティ』（ダイヤモンド社，2002 年）。

経営の中核に据えるべきとされている概念

パーパス	なぜ（Why）その会社が存在するのか，社会に対してどのような価値を提供するのか
ビジョン	どこを目指すのか（Where）
ミッション	その会社が，何をするのか（What）
バリュー	どのように（How）実現するのか

参照：Enacting Purpose Initiative, *THE ENACTING PURPOSE INITIA-TIVE REPORT #2*（2021）（https://enactingpurpose.org/assets/epi-report-final.pdf）

アットホームで定時後も従業員同士で積極的に交流するところもあれば，仕事は仕事，私生活は私生活と切り分けるところもある。

　スタートアップ・ベンチャー企業（→5）では上場企業と異なることが多いだろう。また，いわゆるオーナー企業か，「サラリーマン社長」企業かも大きな違いである。同じ業界でも（依頼者から直接注文を受ける）元請けなのか，（元請けから仕事を振られる）下請けなのかでも，その仕事のしかたが大きく異なる[18]。

　このように個別に様々な相違があるが，あえて大ざっぱな比較をすれば，「内部にリソース（資源。人材，お金，ノウハウ等）がたくさんあるものの，そのリソースの使い方について様々な社内調整が必要な大企業」，「社内調整の労力は相対的に少ないものの，内部のリソースが少ない中小企業やスタートアップ」と捉えることができるだろう（→第6章2(1)）。また，オーナー企業のように実質的に「この人」という意思決定権者がいれば（→3(1)），その人にうまくアプローチできればリソースを活用しやすくなるものの，その人の意向と異なる方向のリソースの活用は困難であろう。

---

18)　下請けの場合には交渉力が弱いことが多く，下請法の保護を受ける。

(4)　部　門

　会社は分業を行っており，同じ会社内でも異なる部門がそれぞれの役割を果たしている。

　まず，ビジネス部門と管理部門（バックオフィス部門）という大きな括りがある。ビジネス部門としては，営業部門・開発部門・製造部門が挙げられる。管理部門としては，企画部門・経理部門・人事部門・総務部門等が挙げられる。

　法務部門は大きな括りとしては管理部門の括りの中に位置付けられ，情報を用いて長期的リスク管理を行う（→第8章）。

　例えば，営業部門が製品を販売する話を持ってくると，法務部門が取引先との契約を審査する。契約が成立すると，製造部門（工場）で製品が作られ，代金は経理部門が記帳し，会社としての会計記録を作成する，といった形で複数部門が協働している。

　自分が所属する部門（例えば法務部門）の「その会社」における立ち位置を把握し，その部門に期待されている役割を認識することも重要である。例えば，法務部門が立ち上げ段階であるとか，経営陣や他の部門から重きを置かれていないといった場合，その本来の役割を果たすまでに困難に直面することもあるだろう。

　なお，部門レベルと，日常的にやりとりする社員で構成されるチームレベル（→(5)）との間に，例えば本部→部→課→係→（係の中の）チームといった形で，階層構造が存在する場合もある。このような階層は企業ごとに異なるが，あえて大ざっぱに，法務・経理・営業という粒度の「どの部門に所属しているか」の話は本項で，「誰とコミュニケーションして日常的な仕事を回していくか」の話は次項（→(5)）で扱っている。

(5)　**チーム**

　基本的には，日常的業務は自分の所属するチームで対応する。法

務部門の従業員の数が3桁に及ぶ巨大法務組織も存在するが，その全員と常にやり取りをするわけではない。そうすると，日常業務を共に対応する「仲間」となるチームが重要である。例えば自分が3年目で，1年目の後輩と共に，10年目の上司とチームを組んで案件をこなす場合には，この3人が「日常的にやり取りする仲間」である。そのチームの環境次第で仕事の快適さは大きく異なるだろう。

なお，新入社員や若手社員には，メンター（相談相手）がつけられることも多い。例えばチーム外の信頼できる人がメンターならば，仮にチームでの業務の中で多少辛いことがあったとしても，メンターに不満などを相談しやすく，フィードバックによって適切な対応がなされることが期待できるだろう。

(6)　法務担当者を想定した具体例

例えば，法学部を出た新卒のAさんが就職活動を経て，甲社の法務部門に配属されるというストーリーを考えてみよう。

まず，Aさんは在学中，どの会社に就職するべきか，業界研究（→(2)）や企業研究（→(3)）を行う。例えば，「1つの業界で長く続けるため，長期的に安定・発展する業界にしよう」とか「自分がその会社で楽しく働けなくても転職時に評価されるスキルや経歴を身につけたい」といった観点で業界や企業を選ぶといったことが考えられる。「法務のような業界ポータブルなスキルを身につけ，仮に業界が衰退しても大丈夫なようにしよう」とか，「給料がよければある程度のプレッシャーは覚悟する」など他の観点も考えられる。その際には，今後の社会のあり方も参考になるだろう（→(1)）。

新卒採用の場合でも就職活動の過程で，「どのような業務をやりたいか？」と質問されることがあるだろう。この点，例えばサービス業であれば「貴社のサービスに感動したので，現場に出て，現場を盛り上げたい」とか，製造業であれば「最高の品質の，最高の製

品を作る工場で働きたい」など，「見えているもの」に興味がある学生は多い。これに対し，管理部門である法務部門は，学生にとってはなかなか見えにくい。そのため積極的に法務に行きたいという人はあまり多くないかもしれないが，転職者や他部門経験者だけではなく，新卒を法務部門（→(4)）に配属させる会社もある。

　新卒で法務部門に配属されたAさんは，教育係である先輩Bさんの下で，例えば企業法務に関する書籍を指定されて，「これを読んで企業法務とはどういうものか勉強しなさい」と言われる[19]。あるいは雛形といわれる標準的契約の書式を基に，なぜ契約がそうなっているのかを説明される／自分でも考えるなどの教育を受けることも想定される（→第4章）。

　Aさんのキャリアには，長期的には組織（甲社）（→(3)）やその属する業界が影響するだろう（→(2)）。例えば，Aさんが「国際法務のフィールドで活躍したい」と思っていても，海外子会社の法務部門に転勤する機会や海外のロースクールへの留学制度があるか否かによって，希望が叶うかどうかは変わるだろう。また，法務ではない別の部門へ異動を命じられることもあり得る。そして，同じチームの上司や先輩との関係が良好かどうかは，Aさんの日々の仕事の充実度に直接的に影響してくるだろう（→(5)）。

5　アントレプレナーシップ（起業家精神）

(1)　起業により世界を変える

　ビジネスに関する本章の最後にアントレプレナーシップ（起業家精神）に触れたい。起業を通じて，これまでにない商品やサービスを世の中に提供し，世の中を変えることができる。現時点では巨大

---

19)　その際に『キャリアデザインのための企業法務入門』が活用されれば大変ありがたい。

なGAFAと呼ばれるテック系企業も，最初は小さな企業だった。リーガルテック企業を起業した弁護士等，法学部出身の起業家も存在する。大学生である読者のみなさんには，ぜひ今後のキャリアとして，頭の隅に起業という選択肢を残しておいていただきたい[20]。

(2)　起業とリスク

　しかし，大学生の起業意識調査[21]によると，起業準備中の起業家予備軍の日本の学生は12.8％，既に起業している者は1.3％であった。調査対象50ケ国全体では起業家予備軍21.9％，起業済みの学生が8.8％も存在することと比較すると，大きな差がある。

　想像するに，日本の学生は起業に伴うリスクを気にしているのだろう。特にスタートアップと呼ばれる，外部資金を入れて高速成長を行い早期の株式上場等を企図する企業の場合，外部の投資家から求められたり，上場のために必要だったりするハードな要求事項を実現しなければならない。特に社内のチームや投資家が希望を持てる期間中に，小さな成功を積み重ねる必要があり，これは難題である。例えば，ウェブサービスを想定すると，そもそもサービスを構築できるか[22]，サービスにユーザーがつくか[23]，サービスのユーザーがお金を払うか[24]といった課題をクリアしていけるかが肝心である。それがうまくいかないと，従業員が辞める，資金が枯渇しかかっているのに次の投資を獲得できないといった問題が生じる。

---

20)　松尾剛行「起業家のための会社法の基礎」稲正樹ほか『法学入門』（北樹出版，2019年）136頁以下所収参照。

21)　田路則子ほか「〈研究ノート〉大学生の起業意識調査レポート」イノベーション・マネジメント15巻（2018年）（https://www.guesssurvey.org/resources/nat_2016/GUESSS_Report_2016_Japan_jp.pdf）。

22)　いいものを作ろうとしてなかなか進まないと資金が尽きる。

23)　ユーザーがいないサービスからはお金を得られない。

24)　無料ユーザーのみの場合，有料化，広告その他の収益化の方法を考えないと，持続できない。

このように，起業に伴うリスクが大きいことから，起業にハードルを感じる学生が多いことは十分に理解できる。しかし，これらのリスクは事前準備や適切な対応で，ある程度は管理できる。

まず，起業のリスクは，適切なチームやネットワーク（→第6章），事前に市場調査等の準備をする等で減らすことができる。

また，「希望を持てる期間を延ばす」方法もある。例えばユーザーの数が少なくても，熱狂的なユーザーの反響を共有することで，従業員のモチベーションが上がり，働き続けてくれるかもしれない。

さらに，起業経験を生かして別の仕事をすることもできる。仮に当初の起業が失敗しても，将来方向転換した場合にその失敗がよい経験となることもあり得る。

(3) 自ら起業する以外の起業家精神の発揮

最後に，キャリアとの関係では，起業家精神を発揮する方法は「自ら起業する」ことだけではないことも指摘したい。

世の中には，ゼロイチ，つまり何もないところから何かを立ち上げることができる人だけではなく，1を10にするような成長局面での原動力になる人，10や100を維持し増大させられるような安定局面に強い人など，様々な強みを持った人がいる。

そうすると，例えばスタートアップの創業メンバーとなって自ら起業する以外にも，スタートアップが少し大きくなって法務が必要となった段階でスタートアップに転職するとか，上場直前や上場後に転職するなど，自らの選好や強み（→第1章）を踏まえ，起業家精神あふれた企業に，創業時以外のタイミングで参加する（ジョインする）選択も十分にあり得る。

Column　戦略と実践（オペレーショナルエクセレンス）

　日本企業は，実践面ないしは現場の頑張りにおいて優れているといわれる。これをオペレーショナルエクセレンスと呼ぶことがある。一般論として，日本企業の従業員は総じて能力が高く，例えば「どうやって100円のコストを80円にするか」という課題に対して工夫を重ね，いろいろな努力をし，実現することができる。そこで，企業がこのような現場の頑張りに委ねて差別化を試みる傾向がある。

　これに対し，外国企業，例えば米国企業では現場の頑張りが期待できないことを前提に，戦略により実践面をカバーする傾向がある。例えば，機械化や自動化で，「そもそも人を必要としないようにする」「頑張らない人でも業務が回るようにする」などである。

　短期的にはそのどちらでも成果は変わらないかもしれないが，長期的には後者，すなわち適切な「仕組み」を作る方が，より高みに到達しやすいだろう。特にスケールが大きくなった際に，（属人的で横展開しにくい）現場の頑張りに依存していると破綻しかねない。各社の戦略がどのようなものかは上場企業であれば公表されているはずであり，就職先・転職先選びの参考になる。

第3章

終身雇用時代の終わりとキャリア

1 新卒一括採用・終身雇用時代とは何だったのか

(1) なぜ大学生は「就活」を頑張っているのか

多くの大学生は，多大な時間と労力がかかり，ストレスも大きい「就活」を頑張る。これは，各企業が新卒者採用枠を設け，人気企業に就職するチャンスがあるからである。そして，入社後は終身雇用制（→(3)）により，原則として定年まで働き続けることができる。

新卒者は入社時点において実務能力を発揮することは期待できず，時間をかけて育成しなければならない（→(2)）。その意味で，新卒採用は，一見不合理である。そのため，中途採用で即戦力を採用する外資系企業等も多い。にもかかわらず，日本の多くの企業が新卒採用を行う理由の1つは，新卒社員は社風に染まってくれるからである。転職市場で既に何らかの色のついた人の中から探すより，まだ何にも染まっていない新卒者を自社の色に染め，その会社に向いた人を形成していく方がメリットがあると考えられている[1]。

新卒一括採用制度の意味は，「大きなチャンスが一生に1度だけ回ってくる」ということである。そこで，新卒時に就職を選ばなかった人はその後の就職の難易度が上がるし，不景気等で企業が一斉

---

[1] 稲葉ほか・キャリアで語る経営組織 33-35 頁参照。

に新卒採用者の人数を絞る場合には，世代間で就職難易度が大きく異なる事態も生じ得る。

(2)　新卒一括採用時代の「新人の社会化」

　新人を仕事社会（ビジネスの世界）に適応させ，そしてその所属する組織に適応させることを「新人の社会化」と呼ぶ。

　新卒一括採用・終身雇用時代において，会社は新人の社会化を実施した。具体的にいうと，新人は，仕事そのものの知識やスキル，専門用語等を学び，競合他社，取引相手，顧客，支店，子会社等の仕事の外的環境やネットワークを学び，組織や職場で評価されまたは罰せられる行動等の評価基準や評価方法を学び，職場の同僚のことや自分自身の組織・職場での役割，組織の全貌等を学ぶ[2]。

新人が社会化プロセスで学ぶもの

仕事への適応に関わるもの	組織への適応に関わるもの
仕事そのものの知識やスキル 職場特有の言語や専門用語 競合他社や取引相手 支店や子会社 顧客	上司や同僚の名前や地位，性格 評価基準や評価方法 職場や組織での暗黙のルール 職場内の人間関係や力関係 自分自身の役割 組織の戦略 組織構造

出所：稲葉祐之＝井上達彦＝鈴木竜太＝山下勝『キャリアで語る経営組織〔第2版〕』（有斐閣，2022年）36頁

　①仕事社会にスムーズに移行させる，②既存のメンバーが新人と共にスムーズに仕事ができるようにする，③職場に根付いた言葉や仕事手順等のやり方を共有することで職場で相互依存的に働けるようにするなどのために，会社は多くのリソースを費やし，新人の社

---

2)　稲葉ほか・キャリアで語る経営組織 33–35 頁。

会化を行う[3]。

　正社員は，若く一番伸びるタイミングで会社が教育してくれるため，能力開発の機会に恵まれやすいと指摘される[4]。つまり，新卒一括採用ルートに乗れば，教育効果を最大限享受することができる。しかも，その教育は給料をもらいながら受けることができる。

　ある意味では，会社が退職までの活躍を期待し「投資」してくれているといえる。終身雇用時代においては，会社としても，最初に投資しておけば，有能な人材に長く貢献してもらうことができるというwin-winの関係が存在した[5]。

(3)　会社側からの労働関係解消が制約される終身雇用制

　終身雇用制とは，従業員は辞めたければ（原則2週間前〔民法627条1項〕の通知で）いつでも退職できるが，原則として会社側の意向によっては解雇できないというものである。

　確かにかつては定年まで勤め上げる人も多かった[6]。終身雇用は，従業員は定年まで勤めることを「強制」されていない。むしろ年功序列賃金（→(4)）による賃金の上昇や，転職市場の未発達により，転職インセンティブが少なかったことなどが指摘できるだろう。

---

3)　稲葉ほか・キャリアで語る経営組織31-32頁。
4)　藤村編・考える力を高めるキャリアデザイン入門71-73頁。
5)　逆にいえば，長期の雇用関係が想定されない非正規雇用者（→第7章2(6)）は手厚い教育をしてもらえない傾向にある。そのため，新卒で正社員就職ができないと，教育を受ける機会を逃し，正社員と格差がつきやすいと指摘できよう。
6)　なお，経済企画庁「年次経済報告」（1994年）第3章第2節1（https://www5.cao.go.jp/keizai3/keizaiwp/wp-je94/wp-je94-00302.html）によれば，平成初期において，終身雇用は大企業の男子・正規労働者（特に，管理・事務・技術労働者）に適用されるような限定的なもので，国際的に際立った特徴とまではいえないという重要な留保を付しているものの，そのような前提の下で，日本の労働者は長期雇用の度合いが高いと評されている。

　前述のとおり，終身雇用制においては，従業員と会社で雇用関係解消の難易度が異なるという片面性がある。

　ここで，この「片面」的な部分について，会社が一方的に不当に重い負担を課されているというのは必ずしも正しい見方ではない。重要なステークホルダー（→第2章2(4)）である従業員が安心して（解雇される心配をすることなく）業務に注力できることは，会社にとってもメリットがある。従業員は「今の会社で働き続けるオプション」を常に持ち続けることができ，また，仕事や待遇に関する概ねのイメージができることにより，安心してライフプランニング（→第5章）ができ，腰を落ち着けて業務に集中できるようになる。

　このように，合理的な解雇規制は会社にもメリットをもたらし得る。また，下記（→(5)）のとおり，会社には，雇用維持が要求されることと引換えに，配転など人事面で労働力の柔軟な利用が認められてきたことも指摘しておきたい。

(4)　年功序列賃金

　終身雇用制は賃金にも影響を与えている。伝統的には，新人としての入社から退職までの中で労働者の価値と企業の賃金を均衡させればよいという考えから，年功序列賃金，すなわち，歳を取れば取るほど昇給するという考え方が重視されてきた[7]。ここでいう年功序列賃金は模式的には次頁の表のようなものとなる。

　すなわち，新人は入社当初は将来のための教育・研修を受けるので，「労働者のもたらす価値＜労働者のもらう賃金」となる。その後，労働者はその教育の成果を踏まえて企業に価値をもたらすよう

---

　7)　ここで，「重視」というのは，決して，同じ年度の入社者であれば定年まで全員が完全に同じ賃金ということではなく，年齢・勤続年数と成果・貢献等の双方を賃金に反映するが，前者の占める割合が相当以上ある会社が多かった，ということである（→4(1)）。

模式的な年功序列賃金の概念

新人	労働者のもたらす価値　＜　労働者のもらう賃金
中堅	労働者のもたらす価値　＞　労働者のもらう賃金
ベテラン	労働者のもたらす価値　＜　労働者のもらう賃金

になる。しかし，給料は徐々にしか上がらない。そこで「労働者の
もたらす価値＞労働者のもらう賃金」という逆転現象が生じる。

　そして，従業員が定年に近づくと，再び「労働者のもたらす価値
＜労働者のもらう賃金」となることで最終的には帳尻が合う。

　このような年功序列賃金制度の下において，会社は，キャリアの
初期を教育期間と割り切っている。そこで，従業員は，教育の機会
を活用し，能力を高める必要がある。キャリア中期においては，会
社にもたらす価値よりも当面の給料が低いものの，過去に受けた教
育を踏まえれば合理的だと割り切ったり，やりがいやライフスタイ
ルに適合するよう仕事の内容や働き方を変更したり，転職をしたり
することになる（ただ，ここで多数の従業員が転職すると，会社とし
ては「投資」が生かせないため，引き留め策を考える必要がある）。最
終的にはこの過程で得た経験や知恵を後輩のため活用し，キャリア
を完走する準備をすることになる 8)。

(5)　配転権とジョブローテーション

　労働法の規制によって，企業は従業員を定年まで原則として会社
側の意向によっては解雇することができないが，VUCA 時代（→
第1章4(7)）に何が起こるかは予測不可能である。そこで，長期的
には各企業は労働力の柔軟な活用に対するニーズを有している。例
えば近時のデジタルトランスフォメーション（DX）により，製造

---

8)　稲葉ほか・キャリアで語る経営組織 25 頁参照。

業の会社がIT企業になる場合もある。かつてA事業（例えば製造業）が発展していたので，A事業に大量の従業員を従事させていたが，時代の変化によってA事業に将来性がなく，むしろ新しいB事業（例えばITビジネス）に切り替えたい場合はあり得る。

このような変革の中，解雇が自由であれば，A事業にしか対応できない人を解雇して，B事業に対応できる即戦力を新規に採用するという方法も考えられる。実際，外資系企業では，そのような観点から，それぞれの時期に必要とされる人材を高待遇で採用する。そこで，時代の波に乗ることができれば外資系企業におけるキャリアに魅力があることは否定できない（→第5章4)9)。

これに対し，解雇規制の存在する日本では，上記のように「会社全体としては利益が上がっているが，A事業からB事業へシフトしたい」というだけの理由では，原則としてA事業に従事していた従業員を解雇することはできない10)。企業に対するこのような解雇規制と引換えに，日本では，従業員がどこで何をするかについては基本的には会社の方で決められるという考えが浸透してきた。このような勤務場所，業務内容の変更権限を人事権というが，特に配転（配置転換），出向，転籍に関するものが重要である。そこで，人事権（このうち特に配転に関するものを「配転権」と呼ぶ）の行使を通じて「いかに個々の人材の能力を活かして適材適所に配置するか」というタレントマネージメントが問われるところである。

人事異動の目的には，他の部門にすぐに即戦力として行けるように育てる人材育成，人的資源の有効利用（雇用調整を含む）や組織の活性化，経営戦略，癒着防止等のリスク管理などが挙げられ

---

9)　ただし，自己が専門性を持つ領域がその企業の重点分野ではなくなれば，仕事がなくなる可能性もある。

10)　なお，会社の経営が一定以上悪化した場合には，整理解雇という形で適法に解雇し得る（→第7章2(2))。

る[11]。

　他の部門にすぐに即戦力として行けるようにするためには，その会社をよく知っていることが必要である。そのため，様々な部門をローテーションで経験させるジョブローテーションは，労働者ひとりひとりを大体の業務や人を知っている状態にし，よりよく業務を遂行できるようにさせるという意味で，キャリア（とりわけその会社内におけるキャリア）に大きなプラスとなる[12]。

　また，新しい仕事を新しいメンバーと取り組むことにより，緊張感が生まれ，停滞感が払拭でき，より張り切って仕事ができる。逆に，馴染めない職場でも2年くらいで変わることができる，合わない上司でも2年程度で異動していなくなるといった利点もある。

　戦略的な人事とは，例えば今後勝負をかける新規事業にエースを投入するといった，企業の戦略と密接に関連する人事である。

　リスク管理のための人事とは，例えば同じ従業員がずっと経理を担うことで不正に手を染めるのを防止するとか，接待による癒着等を防止するものである。

　前頁の例では，A事業に従事していた従業員はB事業のことを知らない。そこで，会社の費用で教育訓練を施す。外国なら解雇されていた状況で職業訓練を会社が行ってくれる，とも評し得る。

　とはいえ，企業が人事権を持つということは，会社の意向によって，各従業員のキャリアや教育訓練の内容が決まるということである。そしてその際，予想外の希望しない異動（俗に「異動ガチャ」と呼ばれる）はゼロにはならない[13]。

---

　11)　稲葉ほか・キャリアで語る経営組織93-95頁，藤村編・考える力を高めるキャリアデザイン入門100頁。

　12)　ただし，それぞれの部門の経験年数は相対的に少なくなるため，社外におけるキャリアとの関係ではマイナスになる可能性がある。

　13)　例えば，生まれてこのかた東京に22年間住んでいても，突然「新人研修終了後は地方の工場に配属する」と言われるかもしれない。

もちろん，それは，本人の意思を無視するということではない。キャリアパス（→2）を示して上司等と相談する機会を与え，その意向を考慮はする。加えて最近は，例えば従業員が「地域限定」オプションを選んだ場合には，現住所から引っ越さなくてよい範囲の転勤に留めるといった施策を講じる企業も増えている[14]。

とはいえ，例えば花形の部署なら，そこで働きたいという人全員の希望が受け容れられない事態も大いにあり得る。また，新人が「法務をやりたい」との意向を表明しても，法務の業務をよりよく行うにはビジネスの経験が重要だとして，（ある意味ではそのキャリアをよりよく実現するための配慮として）いくつかの事業部門での実績を積んでから法務に配属されることも十分にあり得る。このような異動・企業内キャリアについて企業が強い権限を有していることは，キャリアプランニングの前提として頭に入れておきたい。

(6) メンバーシップ型雇用とジョブ型雇用

上述の伝統的な日本の雇用形態は，メンバーシップ型雇用と呼ばれる。メンバーシップ型雇用では職務，労働時間および勤務地が限定されず，これらが不明確なまま，企業組織に雇用される[15]。

上記（→(3)～(5)）で述べたとおり，メンバーシップ型雇用においては，どのような職責を果たすかについては会社が人事権（配転権）に基づき命令し，それに従って決まるので，昨日まで現場で製造をしていた人が，今日からは営業担当者として製品を売ることに

また，例えば，本人がAI関係の仕事をしたいと思っていても，その希望が実現するとは限らない。

14) ただし，勤務地域無限定の従業員は，地域限定の場合よりも手当が増額されるといった形で，勤務地域無限定の従業員にインセンティブを与えることも多い。

15) 稲葉ほか・キャリアで語る経営組織89-90頁。ただし，2024年4月から，労働契約締結時と有期労働契約の更新時に就業場所・業務の変更の範囲の明示義務が追加される（改正労基則5条1項1号の3）。

なるということがあり得る [16]）。

　このメンバーシップ型雇用の対義語がジョブ（職務）型雇用である。経団連が公表した「2020 年版経営労働政策特別委員会報告」が大々的にジョブ型雇用を打ち出し，注目を集めた。

　ジョブ型雇用においては職務，労働時間および勤務地が明確に合意される [17]）。ジョブ型雇用では，例えば法務というジョブが決まれば，「契約レビューを行う」といった業務の詳細（job description）が記述され，それぞれのジョブに人が紐づく。先にジョブがあり，そこに人を割り当てる考え方であり，合意済みの業務と異なる業務を行うことは原則として想定されていない [18]）。

　メンバーシップ型雇用とジョブ型雇用を比較すると，若者にとってはメンバーシップ型雇用の方が利益がある。ジョブ型雇用ではその職務を遂行する能力がないと雇われないため，若者が職に就けず，失業という不利益を被りやすい [19]）。これに対し，メンバーシップ型雇用は新卒一括採用と親和性が高いので，若者であっても組織でうまくやっていけそうであれば雇用される。

　他方，メンバーシップ型雇用においては，労働者はジェネラリスト，すなわち「何でも屋」になりがちで，専門性を有するスペシャリスト（→第 4 章）になりにくいという点が問題とされる。上述（→(5)）したジョブローテーションのメリットは，同じ会社に居続けるからこそ享受できる。転職が当たり前となり，キャリアデザインが重視される時代においては，ジェネラリストのままでは「何もできない」ということになりかねない。

　日本の解雇規制（→(3)）を前提とすると，ジョブ型雇用を直ちに

16）　藤村編・考える力を高めるキャリアデザイン入門 100 頁。
17）　稲葉ほか・キャリアで語る経営組織 89-90 頁。
18）　濱口桂一郎『ジョブ型雇用社会とは何か──正社員体制の矛盾と転機』（岩波新書，2021 年）16 頁。
19）　濱口・同上 22 頁。

取り入れることには課題がある。例えば，手書きの文字を打ち直して清書する「タイピスト」というジョブの従業員について，タイピスト以外のジョブをやらせることはできないが，解雇規制のためにタイピストの仕事がなくなったからといって容易には解雇できないとなると，経営者は困るだろう。

　雇用が流動化し，「転職市場で自分の価値をアピールし，キャリアをデザインしたい」と考える人が増えていくという近時の大きな流れを踏まえると，社会や企業が，メンバーシップ型雇用から徐々にジョブ型雇用へとシフトしていく可能性が高い。

　とはいえ，現実にはまだまだメンバーシップ型の企業も多い。やりたい仕事がわからない場合，メンバーシップ型の企業に入社して，その後ジョブ型の企業に進むことも十分にあり得るだろう[20]。

2　キャリアパス

(1)　「人事の話」がなぜ多くの組織で関心事になるのか

　「X 部の Y さんが Z 部の次期部長になりそうだ」など，人事に関する話題は多くの組織において関心事となる。

　会社が人事権（配転権）を有する（→1(5)）ところ，人事の差配が人生を大きく左右する一方で，自分の希望通りにはいかないこともよくあることから，どうすれば自らの希望に近づけることができるかという点に多くの人が関心を持っているのだろう。

　人事についての希望をかなえるため，正攻法で上司や人事部門に社内のキャリアについて希望を伝え，将来のキャリアに関する会社の期待を説明してもらい，相互にすり合わせる方法もある（→1(5)も参照）。他方，例えば将来的に「出世」しそうな少し上の世代の

---

20)　藤村編・考える力を高めるキャリアデザイン入門 103 頁参照。

人と仲良くなって，その人に「引き上げてもらう」など，社内政治による希望の実現もあり得る選択肢である。

(2) 各組織の準備するキャリアパス

　人事の重要性に鑑み，組織がキャリアパスを準備することが多い。つまり，各組織の目標を踏まえ，それを実現するための各個人の目標や成長に向けた各段階のイメージが設定される。例えば，マネージャーコースとして最初は少人数の，そして徐々に大人数の部下をマネージし，最終的には役員等を目指すコースが設けられたりする。また，スペシャリストコースとして，ジョブローテーション（→1(5)）の中で得意な分野がわかればその分野を主に担当し，能力を高めて会社に貢献するコースも用意されることがある。

　確かに，会社がキャリアを決めてくれるのは気楽かもしれない[21]。ただし，VUCA の時代（→第1章4(7)），全てを委ねるほどに会社を信頼しても大丈夫なのか，不本意な異動を命じられたらどうするのか，会社の先行きが暗くなったらどうするのかといったことを考え，「他人」たる会社に自分の人生の決定権を握らせず，キャリアを自らデザインしていく姿勢は重要であろう（→第1章4(7)）。

　その意味で，「今の会社で働き続けるオプション」（→1(3)）の行使にあたり，その会社のキャリアパスを知ることは有益である。

(3) コンピテンシーモデル

　キャリアパスとの関連で，各社は理想の社員像（コンピテンシーモデル）を示し，それを目指すよう従業員に奨励することや，評価の際に利用することがある（→4(1)(b)）。ここで，理想の社員像は会

---

[21]　岩上＝大槻編・大学生のためのキャリアデザイン入門128頁。

社ごとに相違がある。ある会社では「新しいアイデアを出す柔軟な人こそが理想の社員」とされる一方，別の会社では「地道に地味な仕事を継続できる人こそが理想の社員」とされるかもしれない。

入社間もない段階で，自分自身がその会社のコンピテンシーモデルに完全に合致するわけではないだろう。むしろ教育（→1(2)）を踏まえてそれに近付いていくこととなる。ただし，その会社の期待する方向性が自己のキャリアにとって望ましくないと分かれば，転職（→3）を考えることになるだろう。

3　終身雇用時代の終わりと転職
（⇒有斐閣ウェブサイト Column も参照）

(1)　終身雇用時代が終わったということの意味

転職が一般化し，終身雇用時代は終わったといわれることがある[22]。ここで，依然として解雇が規制されている（→1(3)）ことを再確認しよう。終身雇用時代の終わりというのは，会社のキャリアパス（→2）に乗ってキャリアを進めるだけではなく，転職をも選択肢としながら自分で自分のキャリアを考える人が増えたということを意味する。キャリア構築の自由度が高まる反面，他人任せにできず，キャリアを考える必要性が高まってきたともいえる。

(2)　バウンダリレスキャリア

現代は，1つの会社に限定せず会社の垣根を越えてキャリアを展開するバウンダリレスキャリアの時代であり[23]，他人の視線を気にして，自分が出世ルートに乗っているかを気にするのではなく，自分の価値観を重視する時代となっている[24]。

---

22)　岩上＝大槻編・大学生のためのキャリアデザイン入門 63–64 頁。
23)　渡部・人物で学ぶキャリア理論 86–87 頁。

　そこで，仕事の種類等の外面的な「外的キャリア」と，働きがい，生きがい等の内面に関する「内的キャリア」のバランスを取るべきであるとされる[25]。他人から見て「キラキラ」したキャリアでも，内実は働きがいがないというのは不幸である。他人からの見え方には全く意味がないとはいえないものの，外的キャリアと内的キャリアを総合して充実したキャリアを形成する方法を考えていこう。

⑶　キャリアオーナーシップ

　そのような時代には，キャリアに関する主体性，すなわちキャリアオーナーシップが問われる。まさにポリシー（→第1章4⑸）が重要となるし，キャリアアンカー論（→第1章4⑹）等を踏まえながら，キャリアの舵取りをしていかなければならない。

⑷　転職をするか否かの判断

　転職の動機としては，例えば給料やポジションのような直接的・客観的なものに加え，今の会社で将来のキャリアが見通せないといった主観的なものもあるだろう。一方，転職のデメリットないしリスクとして，例えば転職先の人的環境や評価システム，転職先に関する情報の正確性等に対する不安，転職先とのマッチング，新天地でゼロから信頼を獲得する負担等がある。これらのメリット・デメリットを天秤にかけ，転職するかどうかを判断することになる。

⑸　転職とエンプロイアビリティ

　転職・中途採用が有力な選択肢となる中，転職先の企業は多くの場合，即戦力を求めている（例外につき後述〔→⑻〕参照）。そこで，その時点で自分が企業の求める即戦力像に当てはまっていることを

---

24)　稲葉ほか・キャリアで語る経営組織110-111頁。
25)　藤村編・考える力を高めるキャリアデザイン入門94-95頁。

説明することができれば（→第1章），転職をしてキャリアを発展
させることができる。

　このような時代には，転職したければいつでも転職できる能力
（エンプロイアビリティ）の重要性が増している。オーナーシップ
（→(3)）を持ってキャリアを形成し，今の会社で業績を上げ，かつ，
転職市場でも評価される人材になり，今の会社で予定通り希望する
キャリアを続けられればそのまま過ごし，そうではないならば，転
職市場に打って出た場合にいつでも転職先が確保できるという形で，
複数の選択肢を持ち続けることが重要である。

　転職の際には人材紹介会社に協力してもらうことが多いが，最近
は友人の会社に自分の実力を活用できそうなポストがあれば友人か
ら紹介してもらうというリファラル採用も増えている。

(6)　リストラ・アウトプレースメント

　解雇規制（→1(3)）があるとはいうものの，実態としてはリスト
ラが行われてきた。多くの場合，退職勧奨をし，再就職支援（アウ
トプレースメント）をした上で，賃金・退職金の上乗せをするなど
して本人との合意によって雇用関係を終了させるものである。

(7)　オンボーディング

　会社としては，新卒者に対する社会化（→1(2)）と同様，転職者
への対応も必要である。新しく組織に入ってきた人の適応を容易に
するための「オンボーディング」[26]が重要であり，その成否が従
業員の定着率に影響する。例えば，その会社の独自の専門用語，独

---

26)　Howard J. Klein, Beth Polin, "Are Organizations On Board with Best
　　Practices Onboarding?" in Connie R. Wanberg（ed.）, *The Oxford hand-*
　　book of organizational socialization, Oxford University Press, 2012,
　　pp.267-287 参照。

自の慣行等を教え，前職の経験を新しい組織で活かせるようにする。

(8)　第二新卒

例えば，新卒採用で入った企業が合わず，数か月で辞めてしまう人がいる。しかし単にマッチングがうまくいかなかっただけで，別の会社では活躍できる場合も少なくない。企業の中にはそのような人を新卒採用に準じて採用する第二新卒採用制度があり，即戦力を求める一般的な転職（→(5)）と異なり，特に実務経験等を要求せず，採用後は教育・研修をしてもらえる。第二新卒制度は，セーフティーネットとして重要な役割を果たしている。

(9)　ジョブホッピング

数か月等の短期の転職を何度も繰り返すジョブホッピングは，転職先でも長続きしないのではないか，と思われてマイナスに評価される可能性がある。あくまでも程度問題ではあるが，あまりに回数を重ねれば転職市場で不利になり得る。

(10)　アルムナイ採用

近時，一度会社を辞めた人を再度採用するアルムナイ採用が増えている。企業も求職者も互いに知っているという安心感はあり，求職者としてもメリットがある。しかし，転職の理由（→(4)）が解消されていなければ，再び転職することになるかもしれない。その意味では，一律に，前にいたことがあるから良い転職先だと考えるのではなく，働き始めた後に幸せになれるかを考えるべきであろう。

(11)　これからの大企業への「就活」の意味

終身雇用時代が終わり，VUCA 時代（→第1章4(7)）を迎える中で，大企業への「就活」をすることの意味が問われることになるだ

ろう。大企業で定年まで働き続けられる可能性はあるものの，さすがに数十年後となれば会社も自分もどうなっているかはわからない。また，会社の提示するキャリアパス（→2(2)）が自分の希望と大きく異なる可能性がある。そこで，仮に新卒で「良い会社」に入社することができたとしても，その後転職の選択肢を持たない状態は望ましくない（→(5)）。その意味で，新卒採用で良い会社に入ることの意義が相対的に低下していることは否定できない。もっとも，ファーストキャリア（最初の仕事）がしっかりした企業であれば，充実した教育・研修を受けられる可能性が高まるし，転職の際も，そのような教育・研修を受けている人だろうという推定が働き，転職市場で有利になることはあるだろう。

4　人事評価

(1)　職能資格制度に基づく評価とコンピテンシー評価

(a)　職能資格制度に基づく評価

　日本の伝統的企業においては，メンバーシップ型雇用（→1(6)）を反映し，職務遂行能力に基づき等級（資格）を定める職能資格制度を採用することが多い。つまり，個別のジョブではなく，一般的な業務遂行能力を基に，レベルに応じて給与等の待遇が決められる。このような制度の下では，勤続年数とともに徐々に能力が開発され，等級が上がり昇給するという年功序列的な待遇につながりやすい。

　職能資格制度を前提とした人事考課においては，大きく分けて能力評価，情意評価および成績評価が行われる。

　能力評価は業務遂行能力を評価するものである。情意評価は性格や意欲に対する評価であり，勤勉で責任感を持って協調的に仕事を進められるかといった勤務態度等が問われる。成績評価は各期間における仕事の量や質，達成度が問われる。

(b)　コンピテンシー評価

　上記のような評価に対しては，客観的根拠なく，主観的なイメージや偏見に基づき評価され得る，という批判がある。情意評価，とりわけ性格や意欲に対する評価の主観性が批判されやすい。

　そのような状況において，コンピテンシーモデルに基づき（→2(3)），実際の行動を基に把握された能力を評価するコンピテンシー評価が注目されている。これは成果につながる行動特性を実際に発揮したかを評価するものである。

(2)　定量的評価・定性的評価

　上記のいずれの評価手法を採用するとしても，数字に基づく定量的評価と，数字に基づかない定性的評価が生じ得る。

　例えば営業担当者に対し，一定期間の売上目標を立てさせ，その目標が仮に1億円なら，実際に1億円売上を立てれば100%の達成率，1億2000万円であれば120%の達成率として評価をするのが定量的評価の例である。これに対し，仕事を一生懸命やっているから勤勉だとか，場合によっては，毎日遅くまで残っているから勤勉だと評価するのは定性的評価の例である。

　ここで，定量的評価に対しては客観的で公平，定性的評価に対しては主観的で不公平という印象を持つ人もいるだろう。売上がいくらかは明確で公平だが，一生懸命かどうかは評価者である上司が恣意的に決めてしまう可能性があるという指摘はもっともな面がある。

　しかし，例えば定量的評価も，それが実態を正しく表しており，重要な側面が看過されていないかが問われるだろう。例えば，同じ1億円の売上というノルマがある場合でも，同僚に協力してもらってやっと1億円を実現した人と，他の同僚に対する協力も惜しみなく提供しながら自分の売上においても1億円を実現した人でどちらを評価すべきかというと，通常はチームプレイができる後者だろう。

そこで，定性的な側面を完全に無視することはできない。

(3)　絶対評価・相対評価

　評価には，絶対評価と相対評価がある。例えば，営業部門に5人の従業員がいて，売上目標達成率が120%，115%，110%，105%，100%だという場合，絶対評価であれば全員が目標を達成したとして全員に良い評価を与えることは可能である。しかし，（SABCDの5段階で評価する会社において）S評価は部門で20%まで（1人まで），A評価も40%まで（2人まで）しか与えられないとなれば，105%と100%の2人は，B評価やそれ以下の評価となるだろう。

　相対評価は，その属する集団の他の従業員の出来に左右される。100%の目標を達成した従業員がいても，他の同僚がもっと高い目標を達成していれば，不本意な評価になってしまう[27]。

　このような問題は絶対評価とすることで回避することは可能かもしれない。しかし，絶対評価となれば，特に定性的評価の部分でどの評価者に評価されるかで評価が大きく変わるという，別の意味での不公平感が生じ得る。

⁀Column　MBA理論のキャリアへの応用

　筆者は，社会人になってからエグゼクティブMBAを修了している。そして，MBAでの学びをキャリアに応用できるのではないか，という仮説を持っている。

　例えば，MBA理論として，プロダクトポートフォリオマネージメン

---

27)　昇進の基準にS等の高い評価の達成が求められる場合，例えば，その部門で今年昇進をさせようと考えている，115%の目標達成率の人にSをつけることで，その部門のSの枠を使い切り，その人よりも達成率が高い120%の目標達成率の人にAを付けざるを得ない場合もあると聞く。

ト（PPM）という考え方がある。これはあるプロダクト（商品，サービス）について市場成長率とマーケットシェアから分析を行うものである。①成長市場であるが現時点でシェアが低く広告費等のかかっている「問題児」が，②市場成長率が高いままシェアが高くなれば「花形」として花開くところ，③その後当該市場が成熟して成長率が落ちた場合，そのような市場に多額の広告費をかけることは将来への投資として不合理であることから，広告費等を減らして収穫を目指す「金のなる木」となる。④しかし，そもそもシェアが低いまま市場の成長率が低くなったり，一度は高いシェアを獲得しても，成長率が下がった後広告費を下げてシェアが下がると「負け犬」となる。

　これをキャリアに応用すると，例えば英語であれば，①最初は勉強にコストがかかり（「種まき」の時期），まだその段階では英語力が低いのでキャリアアップに寄与しないが，②その後一定のレベルに達すると，キャリアアップに寄与する時期が来る。③さらに十分な程度に上達すれば（その後も実力を維持する必要があるとしても）精力的な勉強の必要性は低くなって「収穫」の時期となる。そしてそれまで英語にかけていた時間を別のこと，例えばITの勉強に費やせば，同様の経過をたどり，キャリアに英語が寄与する度合いが小さくなる一方で，ITの知見が寄与する度合いが大きくなる，と考えられる。

　このように考えれば，努力しているのに（少なくとも外的）キャリアが上向かない，つまり「種まき」の時期があるのは当然であり，そのような時期も悲観的に考えず，内的キャリア（→3⑵）はうまくいっている，と肯定的に受け止めることができるだろう。

第4章

スキルセットとリスキリング

1 終身雇用時代の終了後「価値ある人材」になるには

終身雇用時代（→第3章）は，会社の方で教育・研修をしてくれるので，自分自身が将来身につけるべきスキルやその身につけ方を考える必要性は高くなかった。

しかし，終身雇用時代が終わり転職が一般化している現代社会では，社外（転職市場）で評価されるスキルも身についているかを考えるべきである。すなわち，社内のコンピテンシーモデル（→第3章2⑶）に従って成長することで，労働市場においても付加価値が高い人材になれるかや，獲得したスキルが社外で役に立つのかを考える必要性が高まっている。

ここで，オンリーワンの人材になることは確かに付加価値が高い人材となる1つの方法ではあるものの，それが唯一の方法ではないことは強調しておきたい。例えば，各企業において法務担当者として事業部門とコミュニケーションをしてリスクを管理する能力（→第8章）は，多くの企業が必要とし，歓迎されるものだが，そのような引く手数多の人材になる上で，オンリーワンといえるほど突き抜ける必要はない。むしろ法律・法務の素養と，適切なコミュニケーション力等ビジネスパーソンとしての能力を兼ね備えた「法律・法務の素養を持ったビジネスパーソン」こそが歓迎される[1]。

2　スキルセット

⑴　「スキル」概念とスキルセット

　労働市場で価値のある人材になる上では，自分が何をすることができるか，どのようなスキルを持っているかが問題となる。

　スキルについては様々な分類があり得るが，その一部を挙げると次頁の表のようになる[2]。これらのスキルは，一連のスキルがまとまってセットになっていること（スキルセット）に価値があり，特定の職種やその職種の中のジョブ（→第 3 章）に，スキルセットが紐づくことが多い。例えば，「契約審査も英語もできるので，法務部門において英文契約審査対応ができる」という具合である。

　過去・現在・未来（→第 1 章 4）という観点では，過去の経験や資格等を通じて将来行うべき業務に対応するスキルセットを現時点で保有していることを実証し，将来を勝ち取ることが重要である。

　加えて，本当の意味で「自分自身が持っているスキル」が何かを分析しなければならない。例えば多数の商談をまとめた実績を有し，「営業が得意で，商談をまとめるプロだ」との自己認識を持っていたものの，実は，元々いた会社ではたくさんの商談の機会をもらっていたというだけで，「商談をまとめる能力」は低かった，という可能性もある。転職先が少ない商談機会を確実に決めないといけない会社であれば，その人は「営業が下手な人」になってしまうかも

---

1)　突き抜けた専門性が必要な場面では弁護士等に聞けばよく，適切な人にアクセスしながら各案件を進める能力が重要である（→第 8章 3）。

2)　表作成の際には，堀公俊『ビジネススキル図鑑』（日本経済新聞出版，2021 年）も参照した。なお，経済産業省ほか「デジタルスキル標準」（2023 年）や経済産業省「生成 AI 時代の DX 推進に必要な人材・スキルの考え方」（2023 年）等も参照。

しれない。だからこそ，成功要因の分析から，周囲の環境が変化しても自分が継続して発揮できる，いわば再現性のある付加価値が何かを炙り出す必要がある。

スキルの例示

情報収集・分析スキル	ロジカルシンキング，クリティカルシンキング，MECE（もれなくダブりなく），情報収集，業務効率化等
対人スキル	コミュニケーション，マナー，報連相，説得，コーチング，ネットワーキング，雑談力，英語
組織スキル	意思決定，マネージメント，チームビルディング，リーダーシップ，フォロワーシップ
アウトプットスキル	クリエイティビティ，文書作成，情報発信，広報，新規プロダクト開発，新規事業創出
管理系スキル	プロジェクト管理，リスク管理，工程管理，経営企画
会計系スキル	財務・会計・経理，税務等
法務系スキル	法務，コンプライアンス
人事系スキル	人事，労務
営業系スキル	営業，マーケティング
IT系スキル	パソコン，情報セキュリティ，データ分析
業界スキル	製造，販売，サービス，金融，国際取引，IT，メディア等

(2) 目的と手段——「勉強」さえすればいいというものではない

ここで，「スキルを身につけるためにまずは勉強しよう」と考える人もいるだろう。勉強の重要性は否定しないが，自分の付加価値とのつながりを考えないと，本来は手段に過ぎない「勉強」自体が目的化してしまいかねないことは指摘しておきたい。

　つまり，あくまでも自分の付加価値を上げるためにスキルを身につける必要がある（→(1)）のだから，スキルアップのための勉強の目的は，付加価値を上げて希望に近いキャリアを発展させるところにある。スキルや勉強自体は単なる手段に過ぎない。

　そこで，まずは自分のポリシー（→第1章）に沿ったキャリアに必要で，保有することが望ましいスキルは何かを知るべきである。また，そのスキルがキャリアのどの段階で必要か，そしてスキルを有することをどう証明するのかも併せて考えておく必要がある。

(3)　リスキリング時代の到来

　リスキリング（re-skilling）という概念が注目されている。これは，一生学び続けなければならない時代の到来を示すもので，大学を卒業した後も継続して，新たな時代に応じた新たなスキルを獲得していくことが必要だ，という考え方である。

　法律・法務のキャリアにおいては，社会の変化に応じて法律や法的リスクが変化することから，新しい法改正や新たに重要となるリスクに対応することが重要である。

(4)　ポータブルスキル

　スキルの中には，他の組織においても利用できるもの（ポータブルスキル）と，特定の組織内でしか使えないものがある。ポータブルスキルの具体例としては，次頁の表に記載したものが挙げられる。

　例えば，所属組織の特定の有力者との関係を構築し，組織内を渡り歩く能力そのものはポータブルスキルではない。ただし，自分なりに方法論を確立し，どの組織でも有力者の個性に応じて適切な関係を構築できるならば，それはポータブルスキルである。

　様々なポータブルスキルが存在するが，組織が多数の人で構成されていることを踏まえると，周囲と適切にコミュニケーションをし

ポータブルスキルの例

仕事のし方	現状の把握	取り組むべき課題やテーマを設定するために行う情報収集やその分析のし方
	課題の設定	事業，商品，組織，仕事の進め方などの取り組むべき課題の設定のし方
	計画の立案	担当業務や課題を遂行するための具体的な計画の立て方
	課題の遂行	スケジュール管理や各種調整，業務を進めるうえでの障害の排除や高いプレッシャーの乗り越え方
	状況への対応	予期せぬ状況への対応や責任の取り方
人との関わり方	社内対応	経営層・上司・関係部署に対する納得感の高いコミュニケーションや支持の獲得のし方
	社外対応	顧客・社外パートナー等に対する納得感の高いコミュニケーションや利害調整・合意形成のし方
	上司対応	上司への報告や課題に対する改善に関する意見の述べ方
	部下マネージメント	メンバーの動機付けや育成，持ち味を活かした業務の割り当てのし方

出所：厚生労働省「ポータブルスキル見える化ツール（職業能力診断ツール）」
（https://www.mhlw.go.jp/stf/newpage_23112.html）

て業務を進める能力が特に重要である。

　ポータブルスキルは転職の際に歓迎される。ポータブルではないスキルでも，今所属している組織に所属し続ける限りでは重宝されるが，そのようなスキルだけであれば，転職をしようと思った場合に「ウリ」がないかもしれない。前述のとおり，法務のスキルはポータブルであり，業界を跨ぐ転職が容易である（→第2章4(2)）。

　本来，マネージャーのスキル（→3）もポータブルなはずである。

しかし，「50歳で転職しようとして『部長ができます』と言っても転職がうまくいかない」といわれるように，各組織固有のスキルしか持っていないのではないか，と疑われることもある。だからこそ，その部長ができることが具体的にどのようなスキルセットを意味しており，それらのスキルはどのような経験等に裏付けられていて，それらのスキルを利用して転職先の組織にどのような貢献ができるかという説明につなげられることが必要である（→第1章4）。

⑸ ソフトスキルとソーシャルスキル

業務遂行のベースとなるスキルとしてソフトスキル，例えばコミュニケーションやチームワーク等が重要だとされる。法律や英語等の，体系的に身につけることができ，特定の基準に基づき評価しやすいハードスキルと異なり，ソフトスキルを客観的な基準に基づき評価することは容易ではない。しかし，ソフトスキルはハードスキルの前提となる。例えば，英語（→第5章4）はたしかに重要だが，英語でのコミュニケーションを通じて業務を円滑に進められることが必要であり，それができない限り，いくら英語のスキルを持っていても付加価値にはならないだろう。このようなスキルはソーシャルスキル，つまり社会生活において必要なスキルとも呼ばれる。

⑹ 個別のスキル
⒜ 法　律

法律のスキルは様々なキャリアで有用である。もちろん，ビジネスパーソンなら法律の素養とリスク感覚，法務担当者なら（専門知識は適宜顧問弁護士に相談できるので，）自社に関する広い範囲の法知識，そして，特定の専門分野を有する弁護士なら深い専門知識など，キャリアによって必要なものは変わってくるだろう。

(b) IT・AI

IT・AI も，今後の情報化社会，AI 社会の中で重要度を増している。ここで，システムの動く仕組み等は IT サービス提供者側のスキルであって，IT エンジニア等でなければ必ずしも必要ではない。しかし，ユーザー側のスキル，つまり IT・AI のリテラシーは現時点で既に必要であるし，今後ますます重要になる（→第 12 章）。

(c) 数　字

数字に強いことは優れたスキルになり得る。ビジネスにおいて数字を分析するスキルは重要であり，会計の基礎を学ぶことは有益である。また，統計分析等，データを分析する能力も重要である。

筆者は，法律を生かす仕事において「数学」までは必ずしも必要ではないが，「算数」[3] を生かし，例えば企業のビジネスを分析できれば，キャリアの役に立つと考える。

(d) 課題解決

筆者としては，「課題解決」が重要なスキルであると考える[4]。それぞれの組織は様々な課題を抱えている。だからこそ，自分が担当する課題を，組織内外のリソース（人，情報，予算等，将来的には AI〔→第 12 章〕）を活用して解決をする能力は重要である。例えば，法務担当者として顧問弁護士と相談しながら難題を乗り越え，プロジェクトを進めるスキルなどである。

3　スペシャリスト・マネージャー

(1) 専門性を持つことの重要性

キャリア形成において，専門性は武器になる。例えば，同じ約 8 年の経験を有する人材でも，新卒から法務とコンプライアンスでそ

---

3) 第 2 章 2 の「売上－経費＝利益」も算数の一種である。
4) 松尾・キャリアプランニング 39-40 頁参照。

れぞれ 3 年ずつ経験を重ね，1 年米国留学をしてニューヨーク州弁護士資格を取得して昨年から米国子会社法務に勤務する A さんと，営業部門，工場，経営企画，経理において 2 年ごとに 4 つの職種をジョブローテーションで回ってきて今年から法務部に入った B さんでは，経験豊富な法務を中途採用したい企業にとって，いずれが魅力的に映るだろうか？

　A さんはまさに法務の専門性がありそうなキャリアで，それを資格（NY 州弁護士）が裏付けている。B さんは法務ができるか未知数である。少なくとも現時点の評価は A さんが高いだろう。

　このように，専門性を持つことは，自分を売り込む上で大きな意味がある。これは弁護士が依頼者を獲得する場合でも同じである。一般には「何でもできます」という弁護士より，類似案件の経験があるという弁護士の方が，依頼者としては安心できる。

　また，人事担当としても，専門性のある者はその専門性が活きる部署に配置しようと考えやすいことから，より経験を積みやすいA さんは専門性をますます高めることが期待できる。

　なお，これに関連して「専攻（メジャー）」という概念もある。自分の専門以外は何も分からない・興味がない蛸壺的な専門家よりも，専門外であっても，同じプロジェクトの課題解決（→2(6)(d)）のために知恵を絞る人材が求められている。そこで，主たる専攻を持つと共に，それ以外のことも一定程度はできることが望ましい。

　加えて，専攻は 1 つではなく，ダブルメジャー（例えば，法務×英語），トリプルメジャー（例えば，法務×IT×英語）等が望ましいといわれることもある。確かに，複数の分野を掛け合わせることで，顧問弁護士や社内の IT 部門の協力を得ながら，情報法関係の国際案件の対応を行うことができるなど，付加価値を提供することができる。ただし，単に分野を増やせば増やすほどよいわけではない。経験値が分散することで 1 分野に特化した人と比較すると当該分野

では劣ってしまう可能性が出てくる。また，過度に分野を増やしすぎると，「何でもできます」という弁護士と同じになりかねない。

(2)　マネージャーキャリア

　多くの人にとって専門性と同様に，またはそれ以上に重要かもしれないのが，マネージャーとしての能力や経験である。

　組織には多数の従業員が存在するところ，社長1人が全員に細かく指揮監督することは現実的ではない。だからこそ，部門，課，係等の組織の階層構造を通じて，それらの多数の従業員をマネージしていく（→第2章4(4)）。組織のマネジメントをするニーズはどこの組織でも存在するから，マネージャー能力は究極のポータブルスキル（→2(4)参照）かもしれない。

　ただし，ランクの高いマネージャーほど，組織として用意できるポストが減ることに留意が必要である。少数の部下をマネージするニーズは豊富に存在し，その経験は若手がステップアップをしていく上では重要であるものの，それは高待遇で処遇されるほどの特殊能力ではない。大きな組織をマネージできるからこそ希少価値があり，それ相応の待遇が期待できる。しかし，そのようなポストは必ずしも多くない。したがって，マネージャーキャリアを志向する場合，いかにして大きな組織のマネージャーになるかが問題となる。筆者のMBA課程時代の同級生の中にも，そのような悩みから，経営管理を学びに来ていた人がいた（→第3章 Column）。

(3)　マネージャーキャリアとスペシャリストキャリアは矛盾しない

　マネージャーキャリアと，専門性を持つスペシャリストのキャリアは，決して相互に矛盾・対立するものではない。

　もちろん，一切マネジメントしないスペシャリストキャリアを歩むこと自体は可能であろう。しかし，例えば，法務のスペシャリ

ストとして信頼されながら，プレイングマネージャーとして実業務と部下のマネージメントを同時に行い，最終的には法務部長等の法務部門のトップとして大組織をマネージするキャリアもあり得る。また，それまで法務担当者として培ってきた法務知識・経験を生かして管理部門のマネージメントを行うキャリア等もあり得る。このような，一定分野の専門知識とマネージメントを結合させて（シナジーを産んで）キャリアを発展させる方法も存在する。

　また，マネージメントのスペシャリストという方向性もあり得る。例えば，どのような組織でも最適なマネージメントを行うことができる能力に特化した専門家のようなキャリアもあり得るだろう。

　なお，マネージャーが，部下と同じ専門性を有していると，部下と話が通じやすい。また，部下としても，悩みを理解してもらえる，優秀で経験豊富な専門家の指導を受けて働きたい等の期待を持つかもしれない。ただし，部下の専門性を尊重しながらマネージメント能力を発揮できれば，部下と同じ専門性を有していなくても部下に尊敬されるマネージャーになることはできる。

⑷　リーダーシップ

　マネージャーは，適切なリーダーシップの発揮の仕方に悩むことになる。部下たちがあるべき方向性に向けて一生懸命頑張れば，1人では到底実現できないものが実現する。しかし，組織がガタガタになれば，むしろ1人でやった方がマシかもしれない。

　そこで，チームビルディング，つまり，良いチームを作り上げるため，各メンバーの能力を最大限引き出す試みを行い，お互いに協力しあうチームワークの実現を図る必要がある。

　ここで，リーダーシップを発揮する方法としては，トップダウンでリーダーが自ら方向性を示して，それに従わせる以外にも，部下と腹を割って話し，部下のアイデア等も一定以上取り入れながら進

めるボトムアップもあり，両者のバランスが重要である。サーバントリーダーシップといって，支援型でメンバーを盛り立ててその能力を生かすという進め方もある。このようにリーダーシップには多様な形があり，マネージャー自身のパーソナリティ等を踏まえて適切なリーダーシップの形を模索すべきである。

　上司のリーダーシップに対し，部下側は，自律的かつ主体的にリーダーや他メンバーに働きかけ支援するフォロワーシップを発揮し，上司・先輩と折り合いをつけながら，組織として動いていくことになる。

4　資　格

(1)　独占資格とそれ以外の資格

　資格には国家資格，民間資格等様々な種類があるが，最も重要なのは独占資格であるか，つまり，その資格を持たないとできない業務があるかという点である。

　例えば弁護士は独占資格の典型であり，弁護士法72条により，そもそも弁護士でないと一定の業務はできない。それに対して，例えば筆者は情報セキュリティスペシャリスト（現情報処理安全確保支援士）という国家資格を持っているが，独占資格ではない（この資格がなくても情報セキュリティの対応ができる）。

　また，民間資格と国家資格は上下関係と捉えるべきではない。例えばビジネス実務法務検定は，法務業界では知名度が高い。

(2)　資格を得る意味

　資格取得に少なからぬ努力が必要である以上，取得する資格を選ぶ際には，自分のポリシーに基づくキャリアの発展において証明したいスキルが，その資格によって証明できるかという観点が重要だ

ろう。例えば，弁護士資格，華道初伝，プロジェクトマネージャーおよびドイツ語検定1級の4つの資格を同時に持っていても，お互いに関連性が見えず，「とっ散らかった」印象を与える。単なる趣味ならば全く問題はないが，キャリアのためであれば，その説明（→第1章）ができるようにするため，その資格がいかにキャリア上の付加価値につながるか（→2(2)）を考えるべきである。

　そして，経験と結合してこそ資格は生きる。例えば，3年間法務を経験した20代が，ビジネス実務法務検定2級を持っていれば，転職の際に「実務経験を資格で証明している」と高く評価されるだろう。逆に，資格は持っていても実務経験がなければ，少なくとも即戦力を求める転職市場ではあまり評価されない[5]。

　さらに，ポリシーの範囲で柔軟にキャリアを考える上で（→第1章4(5)），資格が挑戦を支えてくれる面もある。例えば，自ら起業をするが，弁護士資格もあるので，起業が失敗しても起業家を支援する弁護士としてポリシーの範囲で引き続き挑戦できるなどである。

　加えて，資格には進捗を確認する「マイルストーン」の意味もある。例えば，まずはビジネス実務法務検定3級合格，次は2級合格等，自分の勉強の進み具合を確かめることができる。

(3)　資格試験に合格するために

　ここで，法律系資格を想定した，合格する上で重要と思われる点を簡単に列挙しておこう。

> ・早期から過去問を分析し，合格点に達するにはどのような勉強をすべきか，という観点から逆算する
> ・1万のあやふやな知識より100の確実な知識[6]

---

5)　なお，新卒採用の場合，ビジネス実務法務検定3級，簿記3級，ITパスポート等を在学中に取っておくことで，経験がなくても意欲をアピールすることはできるだろう。

・まずはテクニックではなく実力をつける。ただし，直前期にはテクニックで1点でも点数を積み重ねる
・わからなくても最後まで諦めず回答欄を埋める
・時間配分に留意する。重要な試験であれば，直前に本番と同じ時間で問題を解く
・ケアレスミスに注意をして見直しを行う

5　リスキリング時代の職業訓練

(1)　OJT と Off-JT

(a)　OJT（On the Job Training）

実際の業務を遂行する過程における教育・研修を OJT と呼ぶ。

例えば，法務部門に新入社員が配属されるとしよう。先輩が指導係に割り当てられ，新人と一緒に，例えば簡単な秘密保持契約（NDA; non-disclosure agreement）をレビューする[7]。

まず，先輩は NDA のレビューにおいて必要となる基礎知識等を教える。例えば，どのような情報が秘密として保護されるべきか，つまり「秘密情報」の範囲を契約でしっかり定めるべきだ，といったことである。その上で，具体的な事案に即して新人にレビューを試みさせる。当然のことながら，新人は必ずしも的確にレビューすることはできないが，まずは教えられた基礎知識を具体的な事案に適用しようと試み，その結果を踏まえて先輩がフィードバックすることで，徐々に新人の契約レビューの能力が培われていく。

---

6)　例えば，正答 75% で合格の択一式試験なら，その確実な知識に基づき，半分の問題で正解を選び出し，残り半分の問題で選択肢から明らかな不正解を正確に除外し，二択まで持ってくれば合格が期待できる。

7)　松尾・キャリアデザイン 25-26 頁，松尾・キャリアプランニング 4-5 頁参照。

　このように，一連の案件をこなす中でそれぞれの職種（ここでは法務）に必要な能力を培っていくプロセスが OJT であり，社会人としての能力を習得する上で OJT は必要不可欠である。

　ここで，OJT は最初から最後まで何でも面倒を見るのではなく，徐々に任せる範囲を広げることが多い。最初は手取り足取り教えるが，その後，本人の成果物をレビューする形式になり，最終的には任せるのが通常である（なお，会社によっては OJT がほとんどなく「丸投げ」をする会社もあると聞くが，それは適切ではない）。

(b)　座学──Off-JT（Off the Job Training）

　大企業に入社すると，会社の各部署の人が代わる代わる研修講師となり，数か月の座学の研修を受ける。また，コンプライアンス研修等の研修が，定期的または随時行われる。

　このような，実際の業務を遂行する過程以外における研修を Off-JT と呼ぶ。近時ではオンライン形式の e ラーニングも増えている。

　Off-JT の特徴は，包括的かつ体系的に勉強できることである。例えば英文契約講座を1回2時間・12回（2週に1度開催で半年）実施すれば，主要な契約類型についての英文契約レビュー能力が培われることが期待される。

(c)　OJT と Off-JT の有機的結合

　OJT だけでは体系的な知識を得ることができないため，知識に抜け漏れが生じるが，Off-JT だけでも実務に即した対応能力や経験を得ることができない。だからこそ，OJT と Off-JT の有機的結合により，実務で取り組んでいる内容を自分の中で体系的に位置付け，血肉にしていくことが重要である。

(2)　社内外における職業訓練の有機的結合

　組織内で提供される OJT と Off-JT は必ずしも職業訓練の全てを包括するものではなく，社外における職業訓練も重要である。例え

ば，英語を語学学校で学ぶとか，資格（→4）を取ろうと資格試験予備校で勉強することもある。

　企業の福利厚生（→第7章5）や，公的な職業訓練制度を利用し，外部研修や大学等の講義を受けることができる。また，企業が社費留学制度を設けて，留学費用等を貸し付けることもある 8)。

(3)　アンラーニング

　時代の変化や，転職等があった場合，これまでの成功体験をそのまま転用するだけではうまくいかない。むしろ，成功体験があるからこそ新しい知識やその活用方法を獲得できないという，コンピテンシートラップ（有能さの罠）に陥る可能性がある。だからこそ，これまでの知識やノウハウを意図的に捨てるアンラーニング（学びほぐし）が必要であるとされる。その際は，表層的な知識やノウハウだけではなく，深層的な考え方や価値観そのものをアンラーニングすべきとされる 9)。

　上記（→2(4)）の末尾の部長の転職の事例で，現職の部長の経験を生かして次の企業で活躍するためには，過去の成功体験を忘れる必要があるかもしれない。また例えば，事務所の弁護士を長くやっていると，そこから企業に行って社内の法務担当者として活躍するためには，それまでの常識を忘れる必要もあるだろう。

　確かに，これまでの常識を捨て，もう一度ゼロから学び直すというのは辛いことである。しかし，時代が急速に変化する現在，その必要性がますます高まっている。だからこそ，自分がある意味では「生まれ変わる」という覚悟を持って対応すべきである。

---

8)　そして，例えばその後5年間勤務すればその貸付債務を免除することもよく見られる。

9)　稲葉ほか・キャリアで語る経営組織 191–192 頁。

⑷　自分にあった「学び方」を習得する

　一般には，受け身の姿勢よりも自ら学ぼうとする積極的な姿勢が学習効果を高める。ただし，スキルの習得方法は人それぞれである。例えば，「本を読む」，「問題を解く」，「動画を見る」，「実際にやってみる」やこれらの組み合わせ等が存在し，各人の適性は異なる。だからこそ，自分にあった学び方を知るべきである。学生時代に例えば資格試験（→4）に挑戦する過程で知ることもできるだろう。

⑸　継続は力なり

　長期にわたる勉強が必要な現代社会においては，勉強を継続することが重要である。例えば「一夜漬け」でテスト対策をすることもあり得るが，それだけでは，その後再度その知識を自由に取り出し必要に応じて利用することは難しい。

　一度学んでもすぐに忘れてしまうという現実を直視した上で，何度も同じ内容を見直し，知識を定着させていく。必要となる知識も時代によって移り変わっていくことから，知識の更新も必要である。継続のためには小さな目標を立て，それを着実にこなしていくことが重要である。資格試験はその目標として活用できよう。

> ⚡Column　弱みを補うか，強みを伸ばすか
>
> 　学生から，弱みを補うべきか，強みを伸ばすかと聞かれることがある。この点については様々な考え方があるが，筆者は，自分・他人・時間の3つの視点を持つべきだと考えている。
> 　まず，自分の「比較優位」が何で，それをどのように付加価値としてアピールできるかを知り，比較優位を付加価値に変える過程で必要なスキルを考えるべきである。上記（→2⑸）で，英語ができてもコミュニケーションができなければ意味がないと述べたが，そのコミュニケーションは，英語という比較優位を付加価値に変える上で必要なものである。

　次に，他人がどのように評価するかである。自分が超一流の域に達し，他人が他の欠点に目をつぶってもそれを求めてくるならば，欠点があってもキャリア上の障害にはならない。その域に達することができるならば得意を伸ばすべきだろう。しかし，そこまでに至らない場合，例えば転職の際に，「法律知識において優れているので，ソーシャルスキル（→2⑸）に大きな欠点がなければ法務担当者として採用したい」といった形で，大きな欠点がないかが問われることもある。

　さらに，時間という観点から，現時点でなすべきことと将来なすべきことを区別すべきである。例えば，優先順位付け（→第1章5）の結果，ある法学部の学生にとっては，法律を修めることがまずは最優先で，英語はその後本腰を入れる，という判断になるかもしれないし，別の学生にとっては，入学当初に英語を一生懸命勉強して必修の語学とのシナジーを実現するという判断になるかもしれない。

　なお，現代のSNS社会においては，常に「上には上」がいることを思い知らされる。自分が主観的に頑張っていると思っても，自分の上にいる成功者の姿が目に飛び込んでくる。他人と比較して自分の「強み」は大したことがない等と一喜一憂することはメンタル的にもマイナスであり，（他人のことはさておき）主観的に自分が幸せか，ということを考えるべきである。

第5章

多様化時代のワークライフバランス

1　ワークライフバランス

(1)　WLB という言葉の意味を考える

　キャリアを考える際，ワークライフバランス（WLB）が話題に
なることが多い。「ワークもライフもいずれも重要であり，若い頃
はワークに比重を置き，家庭ができてからはライフに比重を移して
バランスを取るべきだ」という意見も時折目にする。

　しかし，そもそもワークはライフの一部である。そこで，ワーク
とライフを対置し，二者択一の問題とすることは必ずしも適切では
ない。むしろ，ライフがまず先にあり，ワークはその一部を構成す
るに過ぎない。そこで，自分なりにライフを追求する中で，どのよ
うにワークを位置付けるかが決まる。だからこそ，まずは自分がど
のような場合に幸せなのかや，自分がどう生きたいかを考えるべき
である。その前提の下で，ワーク，つまり職業的経歴としてのキャ
リアを考えて欲しい。

　なお，その際，①ライフの原資の多くはワークから得ざるを得な
いこと，②時間的にはワークはライフの多くを占めること，③家庭
環境，健康，年齢など，自分の努力では克服できないライフの事情
がワークを制約する場合があることも意識しておいてよいだろう。

　そして，長期的視野も持つ必要がある。「実家暮らしなので，
時々バイトはするものの，一生遊んで過ごす」という人生設計は，

一見魅力的に見えるかもしれないが，例えば家庭環境が変化したり，病気をしたらどうするかなど，将来を見据えるべきである。

(2)　同じ状況に対する評価が分かれ得ること

このように，WLB は，本人のライフに関する価値観によることから，同じ状況でも人によって評価が分かれ得る。

例えば，「夕方 5 時には一度オフィスを出て，6 時頃に家に帰って夕飯を食べたり子どもと遊んだりし，午後 9 時から仕事を再開する」スタイルについて，家族と過ごせるので WLB が取れているとも，取れていない（もし午後 9 時から 12 時まで 3 時間残業をするなら，午後 5 時から 8 時まで残業して 9 時に家に帰る生活とその本質において変わらない）とも評価し得る [1]。

したがって，自分としてバランスが取れていると感じるのはどのような生き方・働き方なのかについて自分なりに考え，自分の価値観に沿うように行動すべきである。

(3)　残業が多いと出世しやすい！？

従来の人事考課においては情意評価（→第 3 章 4）において，残業をして頑張ることが評価されやすい傾向にあり WLB が実現しにくいという側面があった。また，遅くまで会社に物理的に残ることで，雑談で仲良くなり情報を得やすくなる，夜に何かが起こった場合に対応できることで信頼を得られるといった面もある（同様のことは飲み会等でも生じる）。このような慣行が続けば，多くの若手は①残業をして出世を目指すか，②出世を諦めて WLB を充実させるか，の二択に追い込まれる。

しかし本来は，マネージャー（→第 4 章 3）こそが，部下が残業

---

1)　松尾・キャリアプランニング 28-29 頁。

をしなくてもよいように仕事を調整するべきである。その意味では，残業が多い職場はマネージャーがなすべきことを行っていないという評価が可能であろう。とはいえ，現実にそのような問題のある会社も存在することから，事前の情報収集は重要である。

⑷ リモートワーク

ライフを充実させる上で，リモートワークは魅力的である。例えば通勤時間が往復2時間なら週10時間，年間500時間が消える。もちろん，通勤時間を有効活用する方法はあるが，在宅勤務にすることで，毎年の500時間を自分の人生の充実のために利用できる。

このようなリモートワークにおいては，どのようにコミュニケーションを取るか，オンラインコラボレーションが重要である。企業や組織によっては「アフターコロナ」としてリモートワークをやめるところもあるが，一部でもリモートワークを認めるのであれば，社内のコラボレーションのため，オンライン上のコラボレーション方法について知る必要がある。また，社外との関係では，特に出張をやめWeb会議を利用することが非常に増えている。

信頼関係が一度構築されればオンラインでもコミュニケーションを相当円滑に進めることができるものの，最初の信頼関係構築部分については，在宅勤務のデメリットが否定できない。よって，必要に応じて在宅勤務と出勤を組み合わせた信頼関係構築の方法を，マネージャーもその部下も考える必要がある。

⑸ キャリアブレイク

従来はいったんキャリアに空白ができると転職等も難しく不利だと考えられていた。しかし，キャリアの「空白（ブランク）」ではなく，キャリアの「小休止（ブレイク）」として肯定的に捉えるべきである。

　例えば，転職先が決まり現職を辞めた後，長めの休みをとってやりたいことをやるとか，キャリアの途中で留学することも，それとキャリアとの関係性を説明できれば（→第1章4(3)），肯定的に評価されるだろう。

2　メンタルヘルスとレジリエンス

(1)　メンタルヘルス問題の社会問題化

　ハラスメントの被害を受けるなどの結果，うつ病等，メンタルヘルス上の問題を抱える従業員が増えている。ハラスメントを排除し，心理的安全性（→(2)）を確保するなどの会社側の努力が必要である。

　既に労働法（→第7章）が，事業者に（メンタルヘルスを含む）従業員の安全に対し配慮すべき義務（安全配慮義務）やハラスメント防止義務を課し，ストレスチェックを実施させるなど，一定程度は法的規制が及んでいる。しかし各社は，法的に求められていない部分も含めた，働きやすい労働環境作りを心がけるべきであろう。

(2)　心理的安全性

　最近は心理的安全性という言葉が流行しているが，その意味は，「みんなが仲良く，異論が出ない環境」ではなく，「従業員が職場において，素直に話したり，本来の自分を出せること」である[2]。

　意見の不一致がある場合に，トラブルを懸念して萎縮し言い出せない環境は心理的安全性がなく，逆に「意見が受け容れられないこともあるが，真摯に議論してもらえる」，すなわち安心して異論を述べられる環境には心理的安全性がある。心理的安全性の有無と意

---

　2)　エイミー・C・エドモンドソン著，野津智子訳『恐れのない組織——「心理的安全性」が学習・イノベーション・成長をもたらす』（英治出版，2021年）。

見の一致不一致とは，直接には関係がないのである。

(3) レジリエンス

経営者やマネージャーが一定程度努力しても，十分な心理的安全性を確保できない可能性はある。そこで，現実的な対応としては，従業員側の自衛も重要である。例えば，組織が設けるハラスメント相談窓口を把握し，適時に相談するなどである。組織が法律事務所に外部窓口を委託していることも多く，「握りつぶし」等の不安がある場合には，外部窓口への相談も考えられる。そして，ハラスメント等が重大な場合には，弁護士等を通じて交渉するべきである[3]。

また，「いつでも転職したければ転職できる人材になる」（→第3章3(5)）ことで，ハラスメント発生後の会社の対応次第で転職する選択肢を持つことができ，これは「自衛」力となる。加えて，自分なりのストレス解消法（休息，趣味等）を持つことも重要であろう。

3　チームで仕事をシェアする

(1) 過重労働を解消するために

働き方改革（→第7章2(3)）による残業時間の抑制に向けた取組みの中で，確かに月間労働時間は短縮された。しかし，働き方改革前後で，同量の生産すべき付加価値が存在する以上は，残業が禁止されたとしても，労働生産性（効率）が上がらない限り，それまで残業で賄ってきた業務を「誰か」が遂行しなければならない。そこ

---

3) なお，外部窓口の弁護士は会社の通報受付・調査等の対応の過程の適正の確保を目的としており，依頼者は会社である。そこで，通報者を代理して交渉を行うなどの業務は，被害者が自ら依頼した弁護士が行うべきである（松尾・キャリアプランニング142-143頁）。

で大企業がより積極的に従業員を採用した一方，中小企業は一部従業員の残業増で対応する傾向があったと示唆されている[4]。

根本的には AI 等の利用（→第12章）を含めた生産性向上と雇用の増加に取り組むしかないものの，雇用増加による解決は実務上は容易ではない。とりわけ，「その人」でないとその仕事ができないという「仕事の属人性」が生じていると，雇用を増やしても，新たに入った人は，その仕事を肩代わりできない。特にシステムや AI では対応できないクリエイティブな業務（→第12章2(5)）においては，仕事の属人性が発生しやすい。

本来はその人のナレッジをシェアすることで，多くの同僚が仕事をシェアする体制を構築し，過重労働や業務負荷の偏りを回避すべきである。また，このようなナレッジ共有により，他の人も適切な業務遂行が可能となるから，生産性向上も期待できる。

(2) 仕事のシェアにおける矛盾を解決するために

しかし，現実にはなかなかナレッジ共有が実現せず，ワークシェアも実現しない[5]。

まず，ナレッジ共有には手間と労力がかかる。ナレッジを持っている人は忙しいことが多く，ナレッジ共有をしても報われないと感じれば，ナレッジ共有の優先順位が下がる。

次に，ナレッジ共有の形式がバラバラであれば，全従業員のナレッジを一覧化してすぐに取り出すことができず，使いこなせない。

さらに，ナレッジを持っている従業員本人の，自分の将来に対する不安も指摘できる。これまで独占していたナレッジは，ある意味

---

4) 新田尭之「残業時間規制の効果検証と課題（詳細版）」（大和総研，2023年）(https://www.dir.co.jp/report/research/economics/japan/20231004_023731.pdf)。

5) 以下，松尾・ChatGPT と法律実務 246 頁以下も参照。

で，その人の付加価値だった。ナレッジの共有により，会社にとっ
てのその人の必要性が下がるという事態も生じ得る。

　だからこそ，会社としてワークシェア・生産性向上を実現するた
めのナレッジ共有そのものを重要な経営課題とし，ナレッジの形式
を統一し，従業員によるナレッジ共有や指導に対して目標を設定し，
それに対して人事評価その他において報奨を与えたり，将来のキャ
リアパス（→第3章2）を示したりして安心感を与える必要がある。

4　グローバルにおける競争力と国際化

(1)　社会のグローバル化とグローバルキャリアという選択

　グローバル化する社会において，グローバルなキャリアを検討対
象に含めることの重要性は（検討の結果として日本企業を選ぶとして
も）ますます高まっている。

　具体的には，外資系企業の日本子会社等で働くキャリア，（日本
企業であっても）グローバル企業で働くキャリア，その他のキャリ
アも見据えるべき時代が来ている。これは，選択肢が増えるという
意味で肯定的に捉えられる。

　ただし反対に，グローバル化は，日本企業にとって，外国の優秀
な人材が採用可能だという側面もある。つまり，競争が激しくなり，
自分のポジションが外国人によって奪われる可能性があるというこ
とである [6]。逆に言えば，自分自身がグローバルに伍していける
人材になれば，むしろ可能性は広がっていく。

(2)　外資系企業におけるキャリア

　一般的に，外資系企業は日系企業よりも給料が高く，待遇面も魅

---

　6)　岩上＝大槻編・大学生のためのキャリアデザイン入門 130–131 頁。

力的である。多くの場合は，ジョブ型（→第3章1⑹）で，明確な
ジョブが規定されている。そこで，会社があるジョブを必要とし，
自分がそのジョブをこなして評価され続ければ，その会社で良い待
遇を受け続けることが期待できる。

　ただし，外資系企業においては新卒を採用していないところもあ
る。新卒で日本企業に入った上で転職をすることが一般的である。

　入社後はメンバーシップ型の日本企業のような配転がなされるこ
とは少ないため，上司とは固定的な関係になりやすい。日本企業以
上に上司との関係がウェットになると指摘されることもある。

　業態の変革や業績悪化に伴い，現在のジョブがなくなるとか，当
該ジョブを担当すべき人の数が減る場合，米国では，多くの場合こ
れをレイオフ（解雇）によって解決する。そして，外資系企業の日
本法人では解雇規制を踏まえ，形を変えて，多くの場合は退職勧奨，
つまり退職パッケージとして一定の金額を支払う代わりに退職する
よう求めるという方法がよく見られる（→第3章3⑹）。

　加えて，英語を利用したコミュニケーションの能力の有無（→
⑸）が就職・転職時の面接で試され，その後のビジネスの中におい
ても必要性が高いことにも留意が必要である。

⑶　日系グローバル企業

　多くの学生が「就活」で就職したい日本企業（→第3章）は既に
グローバル化し，海外支店や海外子会社を有している。そうすると，
日本企業に入社した後，人事異動として海外赴任を命じられること
や，海外のグループとのコミュニケーションを取ることはよく見ら
れる。すなわち，日本企業に入社しても，入社後に世界で活躍する
キャリアが開かれているのである。

⑷　外国における就労

　日本を飛び出して外国で働く人もいる。確かに，ワーキングホリデーや留学生のアルバイト等の立ち位置であれば外国で働くことは比較的容易である。しかし，長期的就労の場合，専門性を持たない労働者に対してビザ（査証）を出してくれない国も多い。

　だからこそ，専門知識を持つ必要がある。例えば修士号や博士号を取っているような高度専門人材を歓迎する国は多く，ビザの面でも，活躍という面でも期待できるだろう。

　とはいえ，外国で働くということは，新しい会社への順応と外国社会への適応の双方のプレッシャーへの対応が必要となることから，自分が向いているのか，例えば短期留学をするなどして，適性を確認することが望ましいだろう。

⑸　英語等の外国語を使ったキャリア
（⇒有斐閣ウェブサイト Column も参照）

⒜　英　語

　グローバル時代には，ビジネス英語の能力を身につけ，英語を利用して働くことも検討すべきである。

　例えば，外資系企業で働く場合，本社（ヘッドクオーター）やアジア統括拠点が外国にあり，重要事項を報告し承認を取る必要がある可能性が高い。そこで，外国で働く場合はもちろん，日本の外資系企業で働く場合，ひいては日本のグローバル企業で子会社等とやりとりする場合にも，一定以上の英語力は必要となる。

⒝　中国語

　多くの場合，米国系以外の外資系企業でも，英語が利用される。しかし現状，中国企業の意思決定権者は英語ができないことが多い。そこで，中国語ができると直接意思決定権者と話すことができるので有利になる可能性はある。しかし今後，英語のできる世代が意思

決定権者になる時代が来れば，状況は変わるかもしれない。

(c)　中身の問題

　外国語で話せることは最低ラインに過ぎない。日本語ができるだけでは即戦力になれないことと同様に，法律の専門知識や交渉力，営業力等を元に，その語学力を生かして何を話すかが重要である。

(d)　翻訳 AI 時代は英語力が不要な時代か？

　翻訳 AI（→第 12 章）がますます性能を上げているところ，外国語の習得は将来不要になるのだろうか。

　短期（5 年程度）では，AI の翻訳結果を人間が確認・検証しなければならない。中期（10 年程度）では，ニュアンスを含めたコミュニケーション上のリアルタイム性の確保をするには語学力が必要であろう。そして長期（20 年程度）では，あえて相手の言語を利用することが，相手に対する敬意の表現等の付加価値になる可能性がある。その意味で英語の重要性は否定できないと考える。

　ただ，マイナスがあることを承知の上で，英語はどうしても苦手なので AI に助けてもらい，逆にそれ以外の得意分野で付加価値を提供するという戦略はあり得るだろう（→第 4 章 Column）。

5　ダイバーシティ

(1)　ダイバーシティと常識

　様々なバックグラウンドの従業員が同じ職場で働く，ダイバーシティの時代が到来している。外国人雇用も直近の 10 年でおよそ 3 倍に増えている [7]。この流れはますます加速するだろう。

　必ずしも同じバックグラウンドを持っていない人とコミュニケーションをすることになるため，自分達のコミュニティ（企業等の組

---

　7)　内閣府「企業の外国人雇用に関する分析——取組と課題について——」（https://www5.cao.go.jp/keizai3/2019/09seisakukadai18-6.pdf）。

織を含む）における「常識」は必ずしも通用しない。

　それぞれの組織は独自の企業風土・社風等，組織文化を有する（→第3章）。組織文化には仕事を円滑に進める側面があるが，逆に既存の価値観を否定する新しい発想が出しづらくなる側面もあり[8]，「社内の常識は世間の非常識」となることもある。

　この組織文化によるデメリットを減らす上で多様性が重要である。例えば，「会社の制度としてフレックスタイム制を採用し，出勤時間は自由という建前だが，ある部署のマネージャーが8時半に出勤しており，その部下は全員それ以前に出勤している」といった「常識」があるかもしれない。もし，外国人の新入社員が「出勤時間が自由なら，私は10時に出勤します」と言い出すと，その職場に衝撃を与える可能性はある。しかし，ある意味では，ダイバーシティによって世間ずれしていた常識が明らかになったともいえる[9]。なお，これは会社の雇用制度（フレックスタイム制）を現場判断で勝手に変更させないというコンプライアンスの意味でも重要である。

　ダイバーシティがある組織では，従来当たり前と考えていたことを「それはなぜか」と問われる。面倒だと感じる人は多いだろうし，コンフリクトの発生率も高まる。しかし，その「なぜ」に答えるコミュニケーションの過程で例えば組織内の常識が時代遅れになったことに気づくことができるなど，大きなメリットがある。

(2)　それはダイバーシティなのか？

　このように，ダイバーシティはますます重要となるものの，まだ「マイノリティをチームに1人入れておけばいい」程度の浅い理解の人もいる。相手の能力やキャリアを考えず，単なる「数合わせ」

　8）　稲葉ほか・キャリアで語る経営組織49–50頁。
　9）　本来は，心理的安全性（→2(2)）を確保し，従来から「自由に出勤したい」という声が上がるようにしておくべきだった。

と考える態度は，むしろダイバーシティに逆行するものである。

マネージャーとしては，メンバーを考える際に，多様なバックグラウンドを持った人を候補として検討した上で，適材適所を踏まえて選出し，仮にコミュニケーション等において課題が発生しても，マネージャー自身の課題として主体的に考えるべきである。

多様性の中でのマネージメント（ダイバシティーマネージメント）は大変だが，本来はそれがマネージメントの「世界標準」である。

6　ファイナンシャルプランニングとキャリア

(1)　物心両面が充実することの重要性

キャリアを考える際において，給料を含む待遇面を無視することはできない。ライフを支えるという意味では，キャリアの中で得る収入 10) が重要な意味を持つ。

キャリアにおいても，物心両面が相互に影響をしあう。労働者を待遇面で大切にしない組織は，精神面でも労働者を大切にしない可能性が高い。いわゆる「やりがい搾取」が横行する環境や，生計を立てるために長時間労働しなければならないような，いわゆるブラック企業は，家計にもキャリアにもマイナスだろう（→第2章3）。

(2)　ファイナンシャルプランニング

キャリアを考える上で，将来にわたる資金計画と，将来のキャリ

---

10) ところで，ここでいう「収入」は正確にはいわゆる「手取り」のことである。自営的なキャリア（→第2章，第7章）を生きる場合，年間1000万円の売上に対し500万円の経費が発生すれば，差引き500万円しか手元に残らない。企業等の組織に所属する場合には，給料，ボーナス等から税金・社会保険料等を差し引いたものが組織から振り込まれる。よって，以下における「収入」は，自営的キャリアにおいては（諸経費差引き後の）手取り額，労働者キャリアの場合には，所属組織から実際に振り込まれる額を指す。

アにおいて予想される収入が整合しているかというファイナンシャルプランニングを無視することはできない。

　基本的には，人生において必要な支出の合計額とタイミング，それを賄うための見通しを考えていく必要がある。そこでは，収入面だけでなく，社会保障（→第7章6）の観点，例えば入院をして医療費が多額になっても，高額療養費制度により自己負担には上限があることなども踏まえて考えるべきであろう。

　長く働き続けることで帳尻を合わせることも不可能ではないが，どの程度の期間健康に働き続けることができるか，という点については不確実性がある。そうすると，例えば，80歳まで働き続けるプランAに加え，より早期に第二の人生を始めるプランBを同時に準備することもあり得るだろう。

　また，タイミング（キャッシュフロー）も重要である。仮に，自分の生涯支出に見合う収入が「生涯を通じて」確保できるとしても，家を買うタイミングや，子の教育費等で，一時的にキャッシュが足りなくなる状況はあり得る。その場合には，ローンを組むなどでそれを補わなければならない。

(3)　BS思考とPL思考

　BS（バランスシート）（→第8章2(2)）は，貸借対照表，つまり会社においてオーナーである株主（→第2章2(2)）からいくら資本として預かり，また，銀行等から負債としていくら債務を負い（資本と負債が右側に記載される），さらに，不動産，機械，債権等の資産をどれだけ持っているか（これは左側に記載される）を表したものである。PL（Profit and Loss Statement）は損益計算書であり，その年度にどのような名目でいくらの収入が入り，どのような経費等が発生したかを示すものである。

　もちろん，収入の大小は一定の重要性を持つし，他の条件が同じ

なら，年収600万円よりも800万円がよいだろう。ただし，貯金等の資産も同様に重要である。長い目で見れば，健康や家庭等の事情により100％仕事だけに注力できない事態も発生し得る中，やむを得ない事情で収入が下がった場合にどう対応するかという観点で資産についても考えていくべきである。

⑷　自己投資

　貯金等の金融資産が資産の代表例である。しかし，「貯え」をして，今後の発展を期するという意味であれば，「自分に投資」することで自分自身のスキルを高める（→第4章）ことも重要である。キャリアが拓けることにより，収入面でも良い影響があるだろう。

⑸　気力・体力（健康），時間，資金

　継続的な自己投資においては，人生の各時期において相対的に「多いもの」と「少ないもの」は何か，という観点が重要である。
　すなわち，学生時代は相対的に気力・体力があふれているし，時間もあるが，相対的には資金がない。社会人になると資金は増えるものの，時間がなくなるし，年齢を重ねることで気力・体力が衰える。そして退職後は時間・資金はあるが気力・体力はさらに衰える傾向にあるだろう。
　このように，現実には，気力・体力（健康），時間・資金の全てが揃う瞬間はなかなか訪れない。だからこそ，自己投資をどのタイミングで行うかという観点は重要である。
　例えば，若い頃に，親にお金を借りてでも留学をして，グローバル人材（→4）になると，留学費用の負担が重くても，将来的にはその分の「お釣り」が来るかもしれない。

☆Column　タイパ（タイムパフォーマンス）

　コストと，それによって得られる付加価値を比較したコストパフォーマンス（コスパ）という指標は，様々な場面において役立つ。コストの典型は金銭であるが，時間や労力等もその一部である。例えば，唐揚げ用など用途別にカットされた鶏肉は，元の部位がそのまま詰められた大容量パックより 1 g 当たりの値段が高い。しかし，保存や調理の手間・時間を考えてカット済みのものを選ぶ判断も十分にあり得る。

　このように，コスパを検討する際に時間もコストに含めるのであれば，時間をも踏まえて付加価値を比較するというタイムパフォーマンス（タイパ）は，コスパ概念と基本的に軌を一にする。

　ここで，（「ライフ」に関する価値観〔→1 (1)〕次第では，そもそも人生や職業生活について「コスパ」のような概念を持ち込むこと自体について異論があるかもしれないが，）あえて本書の主題であるキャリアにこの「タイパ」概念を当てはめて考えてみると，そもそもキャリアは非常に長い（→第 1 章）。よって，タイパにおける投入時間と得られる付加価値については，短期的ではなく，長期的に考えるべきである。例えば就職活動でどこかの大企業に入社すると，少なくとも最初は，周囲の同期入社とはあまり給与等の待遇が変わらないだろう。ポリシー（→第 1 章 4 (5)）を持ってキャリアを発展させるために必要なスキル（→第 4 章）習得を目指して頑張っても，最初の数年では何もしない人と待遇等が変わらないかもしれない。しかし，その後の長期のキャリアでは，大きな差となって表れる可能性がある。

第6章

副業時代の「自立」と「自律」

1 組織外におけるキャリアの発展と，組織内外のキャリアの流動化

　大企業等の組織に所属し，その組織内でキャリアを発展させることは有力な選択肢である。同時に，例えば弁護士として事務所を経営して組織外におけるキャリアを発展させる方向性も考えられる。

　第2章では，労働者の組織内でのキャリアと，自分で組織を立ち上げ経営していくキャリアを比較した。また，第3章では，転職によってキャリアを広げる可能性を指摘した。

　近時はフリーランス等の形で，経営者としてではなく，個人として組織外でキャリアを発展させる選択肢が増えている。また，副業が奨励されている。そこで，企業Aに所属しながら企業Bにおいて副業として働いてキャリアを発展させるとか，企業Cに所属することで安定収入を得ながら，副業としてフリーランス活動（自営的就労）を行うといった様々なモデルの選択が可能となっている。

　このように，組織内外におけるキャリアの発展の間の垣根がなくなっていることを踏まえ，組織と個人の関係について考えていきたい。

2　組織の特徴と，組織と個人の関係

(1)　組織のメリットとデメリット

　組織（→第2章4(3)），特に多くの資源（リソース）を有する大企業においては，その資源をうまく利用すれば，1人では到底実現できないことも実現できる。また，チームで対応することができることから，長期的に安定しやすい。例えばスタートアップ（→第2章5）が面白いビジネスを始めても，革新的な技術を特許によって保護するなどの参入障壁を講じないと，資本力，人材，販路等で上回る大企業が同じビジネスを始めてしまい，圧倒されることもある。また，個人で働く場合には，繁閑の波や体調等のために引き受けることができない案件が出てきたりする。一方，大きな組織に属していれば，チームで働くことにより，ある人にとっては都合が悪いタイミングでも別の人がカバーするなどして，安定して仕事を引き受け，それを遂行することができる。

　もっとも，組織に所属して働く場合，働き方や仕事を組織が決めるという制約が存在する（→第3章）。仕事の選択や意思決定において，本人の意向は必ずしも反映されない。どのような職責を担い，権限を有するかも組織が決める。また，大きな組織であればあるほど稟議（→第2章2(2)）等の内部手続が複雑となっている。組織としての意思決定を実現すること自体に多大な時間と労力を要することも少なくない。組織としての意思決定にかかる労力が大きすぎるために，新しいことへの挑戦を諦める人も出てくるだろう。

　「意思決定の際の労力」という点だけを比較すれば，個人として自分のビジネスを営む方が組織よりも優れている。意思決定権限は自分にあり，面白そうなプロジェクトをやると決めさえすれば，すぐにでも始めることができる。もっとも，それ以外の点も合わせて

比較する必要がある。例えば，仕事に対するコントロールについては，個人の場合「仕事を受けるかどうかは自分で決めることができる」という意味で，組織の場合よりもコントロールの程度が高い。しかし，裏から見れば，自分で営業をして仕事を確保しなければならない。仕事を受けるかどうかを決めることができるといっても，そもそも十分な仕事の依頼がなければビジネス（→第2章）として成り立たない。ここで，他人から「仕事を依頼したい」と考えてもらう源泉は，その個人の提供することのできる付加価値である。例えば，弁護士として特定の分野の経験と知識が豊富だ，というのは，そのような付加価値となり得るだろう。とはいえ，依頼者の立場からは，それが大きな組織ではなく，個人であれば，長期にわたる安定性が足りないのではないかなどの不安が生じるところであり，それが付加価値から割り引かれて評価される可能性もあるだろう。

　要するに，個人には個人の，組織には組織のメリットとデメリットがある。個人では到底できないすばらしいことの実現のため，むしろ組織を利用することもあり得る。また，他の人が「この人に頼みたい」と思うような付加価値を獲得すれば，組織に属さなくても，個人として，自分でキャリアをコントロールできることもあり得る。

(2)　組織の中でキャリアを発展させる

　組織にいれば，その組織に属する個々人が飛び抜けた知識，技術や能力を持つ必要はない。むしろ，マネージャー（→第4章3）が，個々の従業員の能力を上手く発揮させ，チームとして付加価値を実現するよう仕事の配分，指導等に努める必要がある。

　だからこそ，個人で仕事を獲得できるほどの「ウリ」や「オンリーワン」（→第4章 Column）といえるような超一流の技能を持っていない新人や若手にとって，まずは組織の中でキャリアを発展させることには大きな利点がある。組織に所属すれば，組織の中でポス

トが割り当てられ，仕事が振られ，教育・研修（→第3章）を受けて，能力を発展させることができる。そして，チームとして協力することができるかに評価の力点が置かれるので，チームで協力して成果を出すことができれば，高く評価される。その後の中堅・ベテランの段階において，組織内における要職に就き，例えば法務責任者として企業内で重視される人になることは十分に可能である。

(3)　組織でうまく立ち回るには

　組織の難しさの1つは，自分の意見に対する反対意見を持つ人が組織内に存在する可能性が高いことである。本音と建前がある大人の社会では，反対意見が明確に表明される場合だけではなく，いわゆる面従腹背や，引き延ばし等の形を取る場合も少なくない。

　例えば法務部門として，法改正を踏まえて契約書の書式を変更し，営業部門に対し，既に契約を締結済みの取引先とも，新しい書式で契約を締結し直してほしいと依頼するとしよう。法律はいわば最強の建前であり，表面上は「わかった」と言ってくれる可能性は高い。しかし実際に，営業部門が取引先に頭を下げて契約の締結し直しをしてくれるとは限らない。特に，本音で納得していない場合には協力してもらえない可能性が高い。だからこそ，依頼したい内容を実施することの必要性を本音のところで理解してもらうことや，納得がいかなくても協力しようと思わせることが重要である。

　その場合には，根回し，つまり，正式決定前に事前に重要人物（キーパーソン）の了解を得ることが重要である。つまり，会議の場だけで議論をして何かを決めるのではなく，会議開催前に事前にその趣旨を説明しておく。根回しに対しては，会議の場での議論が形骸化するという批判はあるものの[1]，組織において自分のやり

---

1)　また，過度な根回しの強要が若手の疲弊を招くこともある。

たいことを実現する可能性を高めるため，正式な手続の外で説明して関係者の納得を得ることは実務上重要である。

　また，個人，部門および組織全体の間に利益相反関係が生じることもある。例えば，法務の求める対応は全社の利益になるとしても，営業部門が大きな労力を割くので，営業部門として協力したくない，ということがある（部門と組織全体の間の利益相反）。また，仮に営業部門が契約変更に協力すると決めても，個々の営業担当者が，苦労の割に評価されず，目標を達成して高い評価を受ける（→第3章4）には，協力をしない方がよいと考えることもある（個人と部門の間の利益相反）。これは，マネージメント（→第4章3）による調整が必要なところであって，例えば経営陣から営業部門に「それが会社のために必要だ」と説明してもらって協力を取り付けるとか，個人と部門の利益相反であれば，例えば，契約変更を評価の要素に加えるといった対応で利益相反を解消していかなければならない。

　さらに，継続的関係を背景とした信頼に基づく協力の獲得，とりわけ相手部門の重要人物（キーパーソン）から信頼を得ることも重要である。営業部長が法務部門には日頃からお世話になっていると考えていれば，法務部門からの依頼への対応は大変ではあるものの，法務部門に協力しようと本音で考えてもらえるかもしれない。

⑷　組織と個人の相互関係

　組織と個人の間には，相互依存関係が存在する。すなわち，組織はより多く貢献することを期待して個人を組織に誘引する。そして，個人は組織からのより大きな誘引（給与その他の待遇，教育・研修や将来のキャリアパス等）を望むだろう[2]。

　それぞれの組織は，他の組織との間で，自組織に対して貢献をし

---

　2)　稲葉ほか・キャリアで語る経営組織 23 頁。

てくれそうな個人を誘引する競争（人材獲得競争）を行う。組織において重要なのはチームプレイであり，超一流でなくても輝くことはできる（→(2)）。とはいえ，その組織で必要とされる役割を果たすことのできる個人が必要である。いくら社内で教育指導をして育てる（→第3章）としても，できるだけ優秀な個人を獲得する方が組織にとって利益になる。よって組織は，自組織がより高い付加価値を実現できるよう，貢献が期待される人材に給与その他の待遇，教育・研修や将来のキャリアパス（→第3章2）等を誘引として提示する。当然のことながら，個人の側としては，組織から獲得したいと思われる人材になることが重要である。

3 自営的就労時代の到来

(1) 自営的就労とは

雇われずに（独立して）個人で働く者で，従業員を雇用していない，すなわち労働法上の使用者ではない者はフリーランス，フリーワーカー，自営的就労者などと呼ばれる[3]。

自営的就労者は労働法上の労働者と異なり，組織と雇用関係に入らない。かといって起業家や経営者とも異なり，組織を経営するわけではない。自営的就労者は，例えば本人が企業と業務委託契約を結んで，企業から業務委託を受けて働く。最近はこのような自由度の高いキャリアが注目を集めている。2023年にはフリーランス保護新法が制定された（→第7章7(3)）。

---

[3] 松尾剛行「『雇用によらない働き方』の時代における個人情報管理とプライバシー保護」Law & Practice16号（2022年）（https://www.lawandpractice.net/app/download/9352547076/141-166_松尾先生.pdf?t=1666074219）参照。

⑵ **自営的就労のキャリアには組織と個人の相違が典型的に現れる**

　自営的就労においては，上記で述べた組織と個人の相違が典型的に現れる（→2⑴）。すなわち，自営的就労者は「上意下達」の仕組みの中で働く必要はないものの，キャリアを主体的に構築するためには，依頼者がその人のキャリアに適合した依頼をしたいと思うだけの魅力を備えている必要がある。弁護士として IT 分野の仕事をしたいなら，IT 分野の経験や専門性等，依頼者からその分野の案件を依頼される魅力を持っていることが必要である。

　そこで，最終的には自営的就労を目指すとしても，そのような意味における魅力を獲得するという観点から，キャリア初期において組織に属することが考えられる。例えば最初は IT 分野に強い法律事務所に就職し，その分野の案件の経験を積んで実力をつけた上で独立し，IT 分野について対応が可能な弁護士として周囲にアピール（→第1章）をしながら業務を行う。「IT 分野ならこの人」という評判（ブランド。→⑷）が形成されると，多数の IT 企業と顧問契約を結ぶことができるかもしれない。このような状況に至れば，さらに専門性を蓄積・発展させられるだろう。

⑶ **自営的就労者としてキャリアを発展させるために**

　自営的就労者としてキャリアを発展させるためには，様々な選択肢を持つことが重要である。例えば，会社を辞めて自営的就労者として「独立」したといっても，元々働いていた企業から（業務委託などの形で）主要な収入を得ていて，それ以外の依頼者からの案件を獲得できる可能性が低ければ，労働者時代と比べてもあまりキャリア設計の自由度は変わらない。むしろ，単に労働法による保護（→第7章）がなくなっただけかもしれない。

　そこで，選択肢を増やすことが重要である。例えば，上記（→⑵）で多数の顧客がいる弁護士を例に出したが，多くの顧客から

様々な依頼を受ける可能性（仕事の選択肢）を持ち続け，その依頼のうち自分が受けたいものの割合を高めることが重要である。

⑷ ブランディング

このような複数の選択肢を確保するための方法として，ブランディングが注目される。労働者であれば，人事権（配転権）を持つ会社から突然異なる部署に異動が命じられる可能性もあり（→第3章），「何でもやります」という受け身の姿勢でも大きな問題はないかもしれない。しかし，自営的就労者，例えば独立して1人で働く弁護士の場合，「何でもやります」の姿勢では，なかなか仕事が来ないだろう。それは，「何でもやる」というのが，潜在的な依頼者に「何もできない」とみなされかねないからである。

逆に，例えば知的財産に関わる仕事をしたい場合，「知財ならこの弁護士」という信頼を獲得すれば，周囲の人が安心して紹介できる弁護士として，知財の話が出た場合には各所で呼ばれるだろう[4]。

⑸ ギグワークとプラットフォーム

近年，Uber Eats に代表されるようなプラットフォームが，例えば宅配を行う配達員等を登録させて，案件を配点している。短時間・スポット的な働き方であることから，これをギグワークと呼び，そこで就労する人をギグワーカーと呼ぶことがある。このようなギグワークについては，自分のペースで，自分が働きたいときに働くことができる，というメリットがあるかもしれない。

しかし，ギグワークについては，プラットフォームの裁量次第で大幅な契約条件の不利益変更がされる可能性がある。例えば，最初

---

4) ブランディングに関して，北周士編著『弁護士「セルフブランディング×メディア活用」のすすめ』（第一法規，2020年）116頁以下［松尾剛行執筆部分］参照。

は高かった配達料がある日突然引き下げられるなどである。

　強大なプラットフォームと対峙するため，労働組合が設立され，配達員が待遇等を団体で交渉する際にUber Eatsは拒否できない（配達員は労働組合法上の労働者である）と判断された（→第7章）。待遇がプラットフォームの裁量に全く委ねられていればリスクが大きいものの，団体交渉等を通じて好条件を確保することができるならば，このような働き方も1つの選択肢になり得るだろう。

4　副業時代の到来

(1)　副業を推進する政策

　日本政府は現在副業を推進し，様々な企業が副業を認め始めている。2017年の「働き方改革実行計画」[5] では，「副業や兼業は，新たな技術の開発，オープンイノベーションや起業の手段，そして第2の人生の準備として有効である。」（15頁）とした上で，このような有用な副業・兼業が実際にはあまり行われていないことから，その普及を図ることが重要だとした。副業促進に向けた「副業・兼業の促進に関するガイドライン」[6] も公表されている。今後は副業を行う人が増えていくだろう。

　なお，週5日働いて副業をすると，副業の時間は，本業であればいわば残業になっていた時間であり，過重労働（→第7章）になりかねない。そこで，週4日勤務（週休3日制）が多様な働き方の実現のための方策とされ，すでに導入済みの企業も現われている[7]。

---

5)　https://www.kantei.go.jp/jp/headline/pdf/20170328/01.pdf
6)　https://www.mhlw.go.jp/content/11200000/000962665.pdf
7)　厚生労働省・多様な働き方の実現応援サイト（https://part-tanjikan.mhlw.go.jp/tayou/holiday3.html）。

⑵　副業の効用とリスク

⒜　副業の効用

　まず，副業を通じて，本業で得られないスキルや経験を得ることができる。長いスパンのキャリアを展望する際は，複数のフィールド（活躍の場）を発見することが重要である[8]。本業を持ちながら，第2の活動をすることを通じてスキルや経験を得ようとするキャリアはパラレルキャリアと呼ばれることもある。副業で得たスキルや経験を本業に還元できれば，シナジー（相乗効果）が生まれる。

　次に，副業を通じて自分の可能性を探ることができる。例えばこれまで経験がなかった分野について資格を取った場合，週1日の副業で経験を積むことが考えられる。最初は未経験ということで報酬が安く，仕事も少ないかもしれないが，本業を持っているのであれば問題ないだろう。うまくいかなければ手仕舞いをして副業をやめてもマイナスは少ない。このようにリスクを減らして挑戦をする中，自信がついたらゆくゆくは副業の方が本業になるかもしれない。

　さらに，副業を通じて（本業の会社以外の場所という意味での）社外で人脈を広げることができるという効用もあるだろう（→5）。

⒝　副業のリスク

　しかし，副業にはリスクがある。本業と副業のバランスが取れないと，本業にも副業にも悪影響が出かねない。また，例えば本業だけであれば，仕事が大変なときに頑張って何とか高い評価を得ていたのが，精力が副業に取られ，「本業も副業もまあまあ」という評価となり，1つだけをやっていた頃よりも評価が下がりやすい[9]。

---

　8)　岩上＝大槻編・大学生のためのキャリアデザイン入門 64–66 頁参照。

　9)　これは，1つの会社内の兼務においても生じ得る。例えば，1つだけの職務を頑張っていた頃はS評価だったが，3つの職務を兼務し，それらの評価の平均を総合評価とする場合，AとBとBで総合評価はB＋というように，大幅に評価が落ちることがあり得る。

(3) 副業を活かしてキャリアをデザインするために

だからこそ，本業と副業を両立させ，そのバランスを取ることが重要である。もし，本業でキャリアを発展させたいのであれば，まずは本業に力を入れ，社内で信用を得た上で，社内の仕事に支障を来さないような形で副業を始めるべきであろう [10]。そしてそのような，上手に「二兎を追う」ことができれば，副業時代はキャリアデザインの柔軟性が高まる良い時代となるだろう。

5　キャリアキャピタルとネットワーク

(1) キャリアキャピタルの重要性

社内におけるキャリアのみを考えるのではなく，転職や副業，自営的就労の可能性が広がる時代においては，キャリアを考える上で重要となるものも変わってくる。近時において重要なのは，人的ネットワーク・価値観・スキルを内容とするキャリアキャピタル（キャリア資本）という概念である。すなわち，どの程度人的ネットワーク，価値観（仕事を進める上での自分の考え方の深まり）およびスキルを積み重ねてきたかが問われる [11]。

(2) 社外のネットワーク

従来は社内のネットワークの重要性が主に説かれていたところ，現在は社外のネットワーク作りの重要性も強調されている。

伝統的には，組織を動かし（→2(3)），仕事を円滑に進める上では社内のネットワークが重要であり，だからこそ，ジョブローテー

---

10)　新人弁護士の個人事件（→第9章）や出向（→松尾・キャリアプランニング127頁）についても，それはある種の「副業」であって，同様のことが指摘できる。

11)　稲葉ほか・キャリアで語る経営組織112-113頁。

ション（→第3章1⑸）等が重視され，他方で会社と家以外の居場所を見つけられない人が多いといわれていた。転職等が一般化する現在，社内にしかネットワークを持たないことは，取り得る選択肢を狭めてしまうという意味でリスクである。

　終身雇用時代が終わり（→第3章），ネットワーキングを通じて社会において居場所を見つけることの重要性が強調されている。例えば，社会活動を行う，ネットワーク作りのための組織（例えば弁護士であれば弁護士会の会務や派閥の閥務，法務関係でいえば経営法友会や組織内弁護士協会等）の活動をするなどである。そうすれば，定年後も居場所が残るし，転職の際のリファラル採用（→第3章3⑸）においても有益である。このような場所を，仕事と家庭以外の第3の居場所として「サードプレイス」と呼ぶことがある。

⑶　ライフコース論とコンボイ

　人生の経路がどのようなものであるべきかを考え，社会の個人の経路への影響と，個人の経路の社会への影響の双方を重視する「ライフコース論」[12] が提唱されている。そこでは，最終的には自分の人生は自分で歩んでいくのだから，人生のどこかで「お一人様」になることを恐れず，自分を取り巻く支え合う仲間（コンボイ）を作ることが重要であり，家族を中核に，しかし多様な人からなるコンボイを作るべきであるといわれる[13]。この議論は，社内のネットワークにとどまらず，社外も含む多様なネットワークを作るべきという前記（→⑵）の考え方と軌を一にするだろう。

---

12)　アーサーほか編・現場で使えるキャリア理論とモデル 25–36 頁。
13)　岩上＝大槻編・大学生のためのキャリアデザイン入門 14–15 頁。

6　組織依存からの脱却の意味

　このように組織内外におけるキャリアの発展の垣根がなくなっている現代は，組織依存からの脱却の時代と評することができる。

　組織依存の時代が終わっても，決して組織が重要でなくなるものではない。組織の力を利用することで，1人ではできないことができるようになる（→1）。ただし，どの組織に属するかによってはキャリア発展の幅が狭まるなどのマイナスもある。そのような中，個人でのキャリア発展が奨励され，キャリア上の選択肢が増えた。

　また，副業等，個人と組織のキャリアの垣根が取り払われることで，ある意味では「いいとこ取り」が可能となった。本業がある中，関心のあることについて副業という形でスモールスタートして，安定した生活の基盤を持ちながら，その方向にシフトすべきかを探ることができる。例えば一定の移行期間を経て，元々副業だった仕事を本業にすることもできる。また，元の本業を続けながら，2つの仕事を自由自在に組み合わせることもできる。器用な人なら，同時に3つ以上の仕事をできるかもしれない。

　このように，単なる組織か個人かの二択として捉えるのではなく，その間で自分にとって最適なバランスを探ることが重要である。

⌇Column　ポートフォリオ的なキャリア形成と相性の良い副業時代

　VUCA 時代（→第1章4(7)）において，例えばポリシー自体は変えないとしても，柔軟に対応していくという意味で，複数の可能性を踏まえてポートフォリオ的にいくつかの将来のパターンに対してベット（賭け金を積む）してキャリアを形成する，という考え方もよいかもしれない。この点について筆者は『ChatGPT と法律実務』297 頁において，

「AI・アルゴリズム」「リーガルテック」「メタバース・アバター」「個人情報・プライバシー」「インターネット上の誹謗中傷等の有害情報」「システム開発」「医療情報」「中国情報法」「HR テック」「クラウド」といった 10 個の分野に興味を持ち，実務経験と研究を重ねてきた旨を説明している。自分の「強み」にでき，かつ，柔軟な対応にも備えるということであれば，通常は 2〜3 分野がちょうど良いだろう。そして，そのような分野について知識と経験（そしてそれを証明する資格等）を獲得することが望ましい。

　経験という意味では，例えば A と B という 2 つをポートフォリオ的に強化したいという場合，最初の会社で A を経験し，それから転職して B を経験するという方法もあり得るが，（第二新卒を除き）転職市場は基本的には即戦力採用であるため（→第 3 章），困難を伴う。

　しかし，副業時代の到来によって状況が変わった。すなわち，A を本業として行いながら，副業として B を行うことで，A のキャリアを継続しながら，B についても経験を積み，将来的に B へのキャリアチェンジの可能性を広げるといったワークスタイルが可能となっている。

第7章

労働法による労働者の保護

1 労働法とは

　日本には，労働者の権利を保護するための一連の法体系が存在し，労働法と総称される。労働者を使用する企業等は法令上「使用者」と呼ばれることが多いが，ここでは「企業」と呼ぶこととする。労働法は，個別的労働関係法，団体的労使関係法および労働市場法に分かれる[1]。

　個別的労働関係法は，個々の労働者と使用者との間の労働契約の締結，展開および終了をめぐる関係を規律する。具体的には労働契約法，労働基準法，最低賃金法等である。例えばある労働者が残業を命じられたときにそれが適法か（従う義務があるか），過労で倒れたときにそれは労災として企業の責任となるのか，解雇がされた場合にそれが有効か等の問題は，個別的労働関係法が規律する。

　団体的労使関係法は，労働組合の組織運営や，労働組合と企業との労働条件に関する交渉を中心とした関係を規律する。具体的には労働組合法等である。企業と労働者には大きな交渉力の格差があり，労働者個人で企業と交渉しても限界がある。だからこそ，憲法は労働三権（団結権，団体交渉権，団体行動権）つまり，労働者が労働組合を通じて集団的に交渉することを認めている。

---

1)　菅野・労働法1頁。

　労働市場法は，求人，求職者の交渉を円滑化し，労働力の需給調整を目的とした仕組みを規律する。具体的には，職安法等である。職安法は労働者を支配・搾取する労働者供給事業者の暗躍を防ぐため，職業紹介等について規制する。

　以下では，法学部生として最低限知っておきたい労働法の基礎をまとめ，自営的就労者の保護に関する法令についても補足したい。

2　従来の労働慣行を反映した個別的労働関係法

(1)　実質を見て判断される強行規定である

　民事法の多くは任意規定である。例えば，民法は同時履行（民法533 条）を原則とするが，当事者が特約で「先払い」や「後払い」に合意することもできる[2)]。これに対し，労働法は強行規定である。そこで，例えば（最低賃金よりも安い）時給 800 円で働く合意が当事者間で成立していても，そのような合意は無効である。

　そして労働法に違反するか否かの判断は，形式ではなく実質に基づき行われる。例えば管理監督者といわれる高位の労働者については残業代を払わなくていいというルール[3)]があるところ，実質的にはチームリーダー程度の低い地位なのに「店長」という名札をつけさせて残業代の支払いを免れようとすることは許されない。

(2)　解雇規制

　企業が労働者を簡単には解雇できないことは前に述べた（→第 3 章 1(3)）。労働契約法 16 条は「解雇は，客観的に合理的な理由を欠

---

2)　松尾・キャリアデザイン 28-29 頁，松尾・キャリアプランニング 58 頁。

3)　労働基準法 41 条 2 号。なお，深夜労働に関するルールは適用される。水町・詳解労働法 715-718 頁。

き，社会通念上相当であると認められない場合は，その権利を濫用したものとして，無効とする」と定める。有効な解雇のためには，解雇の合理的理由（解雇事由該当性）が必要で，かつ，社会通念上相当である必要がある。ここでいう解雇の合理的理由は，労働者にその帰責事由に基づく債務不履行（労働契約上なすべきことを行っていない）があり，かつそれが軽微なものではなく，労働契約の継続を期待し難い程度に達している場合に肯定される。しかも，仮にそのような解雇の合理的理由があるとしても，具体的状況の下での使用者による解雇権の行使が社会通念上相当か否かについては，会社の不当な動機・目的の有無，労働者の情状，他の労働者の処分等との均衡，使用者の不適切な対応等を踏まえて判断される。要するに，企業は恣意的に従業員を解雇することはできず，解雇にかなり厳しい制限がかかっている（→第3章1(3)）。

　解雇は主に，①労務提供の不能や労働能力または適格性の欠如・喪失，②企業秩序違反（懲戒解雇），③経営上の必要性（整理解雇），④ユニオンショップ協定による解雇の4種類があるとされる。このうち，実務上重要な①〜③を概観しよう。

　まず，①労務提供の不能や労働能力または適格性の欠如・喪失であるが，典型的には新卒採用の総合職の不適格性については，経営に支障を生ずるなどして企業から排斥すべき程度に達しているかや，教育指導などの解雇回避措置が行われたか等が問われる。企業は教育・研修をすることが想定されており（→第3章1），また，特に総合職では，配転権を企業が持っている（→第3章1(5)）。そこで，現時点で能力不足があるとしても，会社の方で辛抱して教育し，適所に配置することができるのではないかなどとされる。その結果，能力の低さや不適格性の程度が「著しいこと」まで必要であり，かつ，現在の職場で不適格であっても，別の職場に配転したり，教育指導をすればそこで花を開かせるのではないかという観点から，解

雇を回避するためにどのような努力をしたか等が問われる[4]。

次に，②企業秩序違反に対して企業は懲戒処分を行うことができる。懲戒の種類としては戒告，出勤停止，減給，降格等があるが，秩序違反が重大であれば懲戒解雇を選択することができる。しかし，懲戒権もまた濫用してはならない[5]。その具体的な内容として罪刑法定主義的考慮，効力不遡及，一事不再理，適正手続および処分量定の相当性等が挙げられる。要するに，事前にこれをやったらこのような（例えば懲戒解雇を含む）懲戒処分をすると明示し（罪刑法定主義的考慮），非違行為が行われた後で事後的にルールを作って従業員に不利に適用できず（効力不遡及），一度何らかの懲戒処分をしたら同じ事実を理由に別の懲戒処分をすることはできず（一事不再理），処分前に弁明の機会を与える等の適正な手続を行い（適正手続），また，様々な事情を総合して相当な処分を量定しなければならない（処分量定の相当性）[6]。

最後に，③整理解雇は，例えば工場が閉鎖されるのでその工場で働いていた人を解雇するといったものである。人員解雇の必要性，手段として整理解雇を選択することの必要性，整理解雇対象となる労働者選定の妥当性および整理解雇手続の妥当性が問われる[7]。例えば，工場が閉鎖されても，近くに別の工場があるならば，解雇

---

4) 水町・詳解労働法 1009-1013 頁参照。松尾・キャリアデザイン 131 頁以下ではインハウス弁護士の解雇が肯定された事案に関する分析を行っている。

5) 労働契約法 15 条「使用者が労働者を懲戒することができる場合において，当該懲戒が，当該懲戒に係る労働者の行為の性質及び態様その他の事情に照らして，客観的に合理的な理由を欠き，社会通念上相当であると認められない場合は，その権利を濫用したものとして，当該懲戒は，無効とする」。

6) 水町・詳解労働法 1013-1015 頁参照。

7) ただし，これが 4「要件」なのか，4「要素」なのかについては争いがある。

ではなくそこに配転すればよいではないかとか，工場閉鎖を理由に労働組合員だけを解雇しようとしているのではないかなど，具体的状況次第では整理解雇が無効とされ得る[8]。

　このように様々な制約がある一方で，実務上は，解雇ではなく退職勧奨が行われたり，（例えば割増退職金と引換えに）合意退職に向けた話合いが行われることが多い。

(3)　働き方改革──労働時間規制

　労働関係では，労働時間中は具体的な仕事を上司の指揮命令に従って行うところ，その労働時間に対する法規制が存在する。

　労働時間規制の基本として，原則として企業は従業員に対し，1日8時間以下，週40時間以下しか働かせてはいけない（労働基準法32条）。1日8時間，週5日で週40時間になる。

　しかし，それを超えて働く，いわゆる残業が頻繁に見られる。その結果，業務過多やプレッシャー等によって心身が害されることも稀ではなく，「過労死」まで発生している。残業については，元々企業が労働者代表等と何時間まで残業を認めるかに関する協定を結ぶ（労働基準法36条）ことが要求されており，集団的な協議により，過度な残業時間等が合意されないようにすることが想定されていた。しかし，事実上かなり長時間の残業が容認されることが多かった。

　その後，いわゆる「働き方改革」が行われ，俗に「過労死ライン」といわれる時間を超えた労働を避けるという観点から，労働時間の上限が定められるようになった[9]。

　それでも，特別の事情がある場合にはかなり長い時間の勤務が可

---

8)　水町・詳解労働法 1015-1024 頁参照。

9)　原則として，残業時間上限が月45時間・年360時間。臨時的な特別の事情があって労使が合意する場合でも，年720時間以内，月100時間未満，2〜6か月平均で80時間以内等。

能である。例えば 1 か月の所定内の労働時間が 160 時間，残業時間
が 99 時間の合計約 260 時間働くことも適法な場合がある。休日労
働をしないならば，20 日の平日は毎日約 13 時間ずつ働くことにな
る。午前 8 時に家を出て午前 9 時出社，途中で 1 時間の休憩を入れ
て午後 11 時退勤，深夜 12 時帰宅を 1 か月間続けるのは相当ハード
であると思われる。加えて，一部の企業では法令の遵守が不十分で
残業代が払われない「サービス残業」も生じ得る。労働者としては，
仮に入社した会社でサービス残業が「当たり前」であれば（→第 5
章 5 参照），自身の身を守るための行動をすべきである[10]。

⑷　人事異動

第 3 章 1 ⑸で人事異動について述べた。代表的な人事異動である
配転とは，職種，職務内容または勤務場所の長期的な変更（転勤を
含む）である。そして，就業規則等の「業務の都合により出張，配
置転換，転勤を命じることがある」などの一般条項により使用者の
配転命令権に労働者が包括的に同意していることを前提とすると，
①労働契約上の職種や勤務場所の限定に反せず，かつ，②当該配転
命令が権利濫用にならなければ，企業の行う配転命令は適法とされ
る。

⑸　安全配慮義務とハラスメント防止

⒜　安全配慮義務

安全配慮義務の概念は，判例上，自衛隊車両整備工場事件（最判
昭和 50 年 2 月 25 日民集 29 巻 2 号 143 頁）において確立した。公務
員（自衛隊員）の事故に関する国の責任が問われたこの事案におい
て，最高裁は，国が公務員に対して安全配慮義務を負うとした。

---

10)　その際，内部通報ホットライン等を通じて外部窓口の弁護士事務
　　所に連絡することは，「社会の目を入れる」という意義があるだろう。

その後，川義事件（最判昭和59年4月10日民集38巻6号557頁）では，安全配慮義務が民間企業でも認められることが確認された。

このような判例の展開を受け，労働契約法5条が「使用者は，労働契約に伴い，労働者がその生命，身体等の安全を確保しつつ労働することができるよう，必要な配慮をするものとする」として安全配慮義務を定める。なお，通達（平成24年8月10日基発0810第2号）上，「生命，身体等の安全」には，心身の健康も含むとしている。つまり，企業は単なる物理的な怪我による労災事故の防止のみが義務付けられているのではなく，心身の健康被害の防止，例えば，メンタルヘルス上の問題の防止も義務付けられている[11]。

(b) 職場環境配慮義務

これに加え，労働契約の付随義務として，または不法行為法上の注意義務として，企業は労働者に対して「働きやすい良好な職場環境を維持する義務」（職場環境配慮義務）を負っている[12]。

使用者の職場環境配慮義務違反の例として，セクシュアル・ハラスメント（以下「セクハラ」という）行為に対して十分な予防措置をとらなかった場合，上司によるセクハラを個人的なトラブルと捉え被害者を解雇した場合，加害者である上司らからの報告のみで判断して十分な調査をせず被害者を加害者の下で引き続き勤務させていた場合などがある[13]。そこで，企業としては，例えば，ハラスメントの予防措置を講じることやハラスメントの申告があった場合に適切に対応すること等が求められる。

---

11) 山本＝大島・人事データ保護法入門94-96頁［松尾剛行執筆部分］。

12) なお，職場環境配慮義務を安全配慮義務の一環として考える見解と，それと異なるものとして考える見解があることにつき，土田道夫『労働契約法〔第2版〕』（有斐閣，2016年）133頁注123参照。

13) 水町・詳解労働法299頁。

(c) ハラスメント防止のための雇用管理上の措置

2019 年にパワハラ防止法とも呼ばれる改正労働施策総合推進法が成立した。同法は，企業に対し，ハラスメント防止のための雇用管理上の措置を講じる義務を課している[14]。

(d) その他

労働者のプライバシー保護等も，ますます重要となっている[15]。

(6) 非正規雇用

(a) 非正規雇用の特徴

解雇が厳しく制限される正社員がいる一方で，契約社員，パート・アルバイト，派遣社員等の非正規雇用で働く人がいる。

非正規雇用者の多くは契約期間が定められている（有期雇用）。例えば 1 年毎の更新ならその 1 年の終了時に「雇い止め」をされると，原則として労働関係が終了する。

派遣労働の場合，派遣元と派遣先が派遣契約を結ぶ。労働者は派遣元と労働契約を締結し，派遣先が指揮監督する（次頁図参照）。

(b) 雇い止めの例外

有期雇用では原則として雇い止めが可能であるものの，一定の歯止めもある。反復更新することで正社員の解雇と同視されるべき場合や，契約更新を期待することに合理的理由がある場合等で，雇い止めが客観的に合理的な理由を欠き，社会通念上相当であると認められないときは，雇い止めはできない（労働契約法 19 条各号）。

---

14) なお，厚生労働省はパワハラ指針（https://www.mhlw.go.jp/content/11900000/000584512.pdf），セクハラ指針（https://www.mhlw.go.jp/content/11900000/000605548.pdf）およびマタハラ指針（https://www.mhlw.go.jp/content/11900000/000605635.pdf）を公表している。

15) 松尾剛行『AI・HR テック対応 人事労務情報管理の法律実務』（弘文堂，2019 年）および同「テレワークにおけるプライバシーの法的課題」季刊労働法 274 号（2021 年）28 頁以下，および山本 = 大島・人事データ保護法入門を参照。

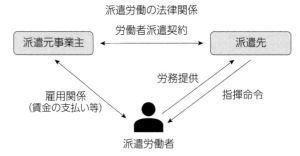

派遣労働の法律関係

出所：厚生労働省石川労働局ウェブサイト（https://jsite.mhlw.go.jp/
ishikawa-roudoukyoku/hourei_seido_tetsuzuki/roudousha_haken/
haken_gaiyou.html）（筆者加工）

　また，2回以上契約をし，その期間を通算した期間が5年を超え
る場合に有期雇用の社員から契約期間を無期限にする旨の申し出が
あれば，企業はこれに応じなければならない（労働契約法18条)[16]。

(c)　同一労働同一賃金

　正社員に対しては仕事の有無にかかわらず給料を支払う一方，非
正規労働者は仕事がある時にのみ臨時に雇うことが想定される。そ
こで，本来，後者の給料が高くあるべきである。しかし実際には，
正社員の給料は高く，非正規労働者の賃金は安いという状況が広く
見られる。全く異なる仕事をしている場合の仕事内容の相違に基づ
く給料の相違ではなく，同じ仕事をしているのに，単に立場の相違
のみによって賃金格差が生じることは問題である。

　「同一労働同一賃金」のスローガンの下で定められた，正社員と
非正規労働者の間の均等待遇（差別的取扱禁止。パート・有期労働法
9条等）および均衡待遇（不合理な待遇の禁止。同法8条等）は，正

---

16)　これらは非正規雇用に対する一定の保護として働くものの，雇い
　止めの権限を維持したいとして，更新への期待を回避し，また，無期
　限契約に転換されないよう，早期に雇い止めを行う企業も多く，保護
　の度合いが高いとはいえないとの評価もある。

社員か非正規かを理由とした不合理な賃金格差を禁止し，既に（改正前の法令である旧労契法 20 条等に基づく）最高裁判例も多数存在する。ただし，正社員の待遇を切り下げることでこのルールを遵守しようとする動きもあり，非正規労働者の待遇改善にどこまでつながるかは疑問が残る [17]。

3　労使交渉への保護が手厚い団体的労使関係法

労働組合法は不当労働行為を禁止しているところ（7条），その中でも重要なのは同条 2 号の「使用者が雇用する労働者の代表者と団体交渉をすることを正当な理由がなくて拒むこと」の禁止である。

個々の労働者が労働条件について交渉をしても，交渉力格差のため，労働者に有利な契約の締結は一般には困難である。ここで，労働組合が集団的に交渉することで，労働条件の改善が期待される。特に，労働組合は争議権を有している。最終手段たるストライキ実施を背景として交渉することで，交渉力格差が是正される。このような労働組合による交渉（労使交渉）を実質化するため，不当な労使交渉の拒絶は不当労働行為として禁止されている。

4　時代に合わせて規律が変更される労働市場法

労働市場法に関しては，労働者派遣に関する規制や，労働者募集情報サービスに関する規制等，多くの法改正等が行われている。

職安法においては，職業紹介が中核的な規制対象であり，有料職業紹介事業であれば許可を受ける必要がある。厚生労働省のウェブサイト上で，許可事業者を検索することができる [18]。

---

17)　菅野・労働法 366–367 頁。

18)　https://jinzai.hellowork.mhlw.go.jp/JinzaiWeb/

また，2022 年改正等で募集情報等提供に関する届出制度が新設され，インターネット上の求人情報プラットフォーム等の労働者募集情報サービスが規制されている 19)。

5　福利厚生

日本の大企業は福利厚生が手厚い。様々な手当や，法定を超える有給休暇等の休暇制度，社食施設等が用意されている。

例えば，通信教育機関と提携して，本来は 5 万円するような外国語や資格試験の講座を，無料，あるいは低額の自己負担で受けられる企業がある。さらに資格手当や合格祝金等の制度がある場合には，資格を持っていることにより，毎月手当をもらえたり，試験合格時に一時金をもらえたりする。

各社の福利厚生の内容は異なっており，上司や先輩さえ知らない多様な福利厚生が整備されている企業も多い。そこで，自社の福利厚生が一覧化されている資料やイントラネット（内部閲覧用のシステム）を検索してみるとよい。

なお，労働組合が組合員に対し，福利厚生に類似するサービスを提供していることもある。

6　社会福祉

日本の社会福祉制度は生存権（憲法 25 条）等を基に様々なものが設けられているが，「知っている人が得をする」制度である。

---

19)　なお，いわゆる闇バイト等の募集については，警察庁がインターネット・ホットラインセンター等を通じて対応している。ホットライン運用ガイドライン（https://www.internethotline.jp/pdf/guideline/guideline_rev16.pdf）参照。

公的年金，健康保険，雇用保険，労災保険，生活保護等が有名な社会福祉制度であるが，それ以外にも様々なものが存在する[20]。例えばロースクールに通う際に，教育訓練給付金制度を利用することで安く通えることもある。また，出産時は健康保険から出産手当金，育児や介護の休業中は雇用保険から給付金が支給される。なお，会社が福利厚生として，上乗せで手当等を支給することもある。

ただし現状，これらは基本的には「勝手に支給される」のではなく，自分で申請しなければならない。そこで，どのような制度があるのか，主体的に調べる必要がある。

7 自営的就労と労働者概念

自営的就労の意義については前述したが（→第 6 章 3），ここではその法的位置付けについて概説しよう。

(1) 自営的就労の法的位置付け

(a) 個別的労働関係法上の労働者としては保護されない

自営的就労者は，企業の指揮命令に服さず，基本的には，個別的労働関係法（→2）上の労働者としての保護を受けることはできない。例えば，最低賃金法が適用されない結果，報酬を時間で割ると最低賃金以下になっても，それは最低賃金法違反ではない。

また，解雇規制が基本的にはないので，契約上広い解除事由が合意されていれば，容易に契約が解除され得る。例えば，3 か月前の通知で解除可能と書かれていれば，通知によって解除され得る。

ただし，形式だけは業務委託等であるが，実質的には企業の指揮監督に服する場合，本来労働契約（または労働者派遣契約）を結ぶ

---

20) 前に述べた高額療養費制度（→第 5 章 6）もそうである。

べきところ，それを業務委託等の形式に偽装したとして（いわゆる偽装請負），違法とされる可能性がある[21]。

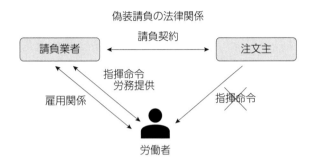

偽装請負の法律関係

出所：厚生労働省石川労働局ウェブサイト（https://jsite.mhlw.go.jp/ishikawa-roudoukyoku/hourei_seido_tetsuzuki/roudousha_haken/haken_gaiyou.html）（筆者加工）

(b) 団体的労使関係法上の保護を受ける可能性

もっとも，個別的労働関係法と団体的労使関係法（→2および3）は規律が異なる。その結果，個別的労働関係法の適用対象でなくても団体的労使関係法の適用対象となる可能性がある。

東京都労働委員会は2022年，Uber Eats の配達員について団体的労使関係法の適用対象となる旨の判断をした[22]。自営的就労者が今後，団体的労使関係法を根拠に労使交渉を行い，地位向上を目指すことはあり得るだろう（→第6章3(5)参照）。

---

21)　「労働者派遣事業と請負により行われる事業との区分に関する基準」（昭和61年労働省告示37号）および同告示に関する疑義応答集第1～第3集参照。筆者も第3集に関与した（https://www.mhlw.go.jp/bunya/koyou/gigi_outou01.html）。

22)　https://www.metro.tokyo.lg.jp/tosei/hodohappyo/press/2022/11/25/documents/14_01a.pdf

(2)　下請法

　上記をまとめると，自営的就労者は，①（個別的労働関係法が適用される）実質労働者，②団体的労使関係法でのみ保護される者，③労働法では何ら保護されない者の 3 種類に分けられる。このうちの②と③の場合には（②であれば集団的交渉はできるものの）基本的には独立した事業者として企業等の依頼者と取引を行うことになる。少なくとも個別交渉の局面においては，大きな交渉力の格差があることが多い。このような格差是正のために設けられた法令として代表的なものが下請法である。

　下請法では，一定の規模の企業（資本金要件）が，小規模の企業や個人に発注をする場合において，その発注内容が下請取引として定義されている一定の類型に該当すると，書面作成，受領拒否禁止，支払遅延禁止，代金減額禁止等の義務が課せられる[23]。

　自営的就労者の取引相手となる企業が資本金要件を満たしていて，かつ，当該取引が下請取引に該当する場合には，自営的就労者は下請法の保護を受けることができる。しかし，当該企業が資本金要件を満たすかにかかわらず，下請法の適用対象の取引類型でなければ，保護を受けることができない[24]。

(3)　フリーランス保護新法

　このような状況下，2023 年に成立したフリーランス保護新法は，いわゆるフリーランスと企業間の取引について，広く下請法類似の規律と労働法類似の規律を定めている（次頁図参照）。

　まず，適用対象の主体は，業務委託の相手方であって従業員を使用しないもの（2 条 1 項）である。個人として働いている場合だけではなく，法人成り[25]して会社形態はとっているものの，実質的

---

23)　松尾・キャリアデザイン 91 頁以下。
24)　なお，独禁法の優越的地位濫用による保護の可能性はある。

フリーランス保護新法の要点

下請法類似の規律	労働法類似の規律
(1)　給付内容，報酬額等の明示 (2)　原則として給付を受領した日から60日以内の報酬支払 (3)　①受領拒否，②報酬減額，③返品，④著しく低い報酬の額を不当に定めること，⑤購入・役務の利用強制，⑥経済上の利益を提供させること，⑦内容変更またはやり直しの禁止等	(1)　広告等により募集情報を提供するときは，虚偽の表示等をしてはならず，正確かつ最新の内容に保たなければならない (2)　育児介護等と両立して業務委託に係る業務を行えるよう，申出に応じて必要な配慮をしなければならない (3)　ハラスメント行為に係る相談対応等必要な体制整備等の措置を講じなければならない (4)　継続的業務委託を中途解除する場合等には，原則として，中途解除日等の30日前までに予告しなければならない

には代表者だけが働いている場合も保護の対象となる。下請法と異なり，対象が下請取引に限定されず，物品の製造，情報成果物の作成または役務の提供を委託すること全般が適用対象（2条3項）であって，かつ，委託者側に資本金要件もないことから，自営的就労を行う者全般にこのフリーランス保護新法が適用される。

　下請法類似の規律としては，給付内容や報酬の明示義務（3条），60日以内の支払い（4条），受領拒否・報酬減額・返品等の禁止（5条）等が挙げられる。労働法類似の規律としては，募集広告時の虚偽表示禁止（12条），育児介護への配慮（13条），ハラスメント対応（14条），中途解除時の予告（16条）等が挙げられる。

　もちろん，これらの義務が課されるだけで自営的就労者の法的問

---

25)　税金との関係で，一定以上の収入がある自営的就労者は会社を設立した方が有利になることがある。この点は税理士等の専門家に相談することが望ましい。

題が全て解決されるものではない。しかし，フリーランス保護新法の制定は自営的就労時代の到来（→第6章3）を受け，法制度の側面においても一定の対応が始まりつつあることを示すものである。

ˑ᠄Column　パターンを知る

　世の中は複雑であり，「Aの中にBが含まれているものの，全てのAがBだというわけではない」という状況はよく見られるが，それでも「AのうちCのものはBである可能性が高い」といえるパターンがある。

　典型例はお金を借りる際に，友人等に保証人を依頼する場合の「絶対に迷惑をかけない」という言葉である。つまり，貸主として，保証人がいないと返済されるか不安だと考えており，「返済できなくなる可能性が相当程度以上ある」からこそ保証人を依頼する必要が出てくるのであり，「絶対に迷惑をかけない」という言葉が事実（借主の真実の信用状況）と異なっている可能性は高いだろう。

　また，親しくない人の持ってくる儲け話も同様である。つまり，もし本当に「うまい話」なら，多くの人が同じことを始めると「うまくなくなる」（一人当たりの儲けが減る）場合が多いだろう。にもかかわらずあなたを勧誘する人には，何か「裏」がある可能性が高い。

　このようなパターンをできるだけ多く知ることで，いわゆる「地雷」を避けてキャリアを進められる可能性が高くなるだろう。

第**8**章

企業内における法務担当者としてのキャリア

1　はじめに

　本書の後半では，法学部生のキャリアの類型ごとにその特徴と将来像を説明していく。まずは，企業内の法務部門で働く法務担当者の仕事を解説しよう。なお，最近は弁護士資格を持つ法務担当者であるインハウス弁護士（→第9章4）も増えている。

2　企業における法務部門の役割

(1)　はじめに

　企業は様々な部門によって構成され（→第2章4(4)），多くの企業には法務機能を司る部門が存在する[1]。それは各社が，法律を中心とする長期的観点からのリスク管理を必要とするからである。

(2)　企業にとっての法の重要性

　企業活動はステークホルダーの信頼を得て行う必要があり（→第2章2(4)），その前提は法令の遵守である。そこで，法令を中心に社会の期待に応えるコンプライアンス[2]が必要である。

---

　1)　「法務部」という名称の部門が最も一般的であるものの，例えば総務部に法務課がある場合や，法務・知財部となっているなど，名称は様々である。

　加えて，企業が反復継続して行っている活動は，契約の締結や会社法に基づく配当の支払いといった，法律に基づく活動である。例えば，企業の財務状況を一覧化した表であるバランスシート（BS）は，法律や契約に基づいて行われる活動の結果が記載される。

連結貸借対照表（例）

(単位：百万円)

資産の部			負債の部		
科　　　　目	金　　額		科　　　　目	金　　額	
流　動　資　産	45,000		流　動　負　債	39,000	
固　定　資　産	150,000		固　定　負　債	59,750	
有形固定資産	80,000		負債合計	98,750	
無形固定資産	60,000		純資産の部		
投資その他の資産	10,000				
繰　延　資　産	5,000		株　主　資　本	102,950	
			資本金	30,000	
			資本剰余金	25,000	
			利益剰余金	49,500	
			自己株式	△ 1,550	
			その他の包括利益累計額	△ 7,500	
			新株予約権	500	
			非支配株主持分	5,300	
			純資産合計	101,250	
資産合計	200,000		負債純資産合計	200,000	

出所：日本証券業協会ウェブサイト「投資の時間」（https://www.jsda.or.jp/jikan/qa/041.html）（筆者加工）

　左側に資産が記載され，右上に負債，右下に純資産が記載される。要するに，会社は，会社のオーナー（→第2章2(2)）である株主が投資した資金と，銀行等の債権者からローン契約その他の契約に基づき負債を負うことで調達した資金3）を基に様々な契約を結んで

　2）　松尾・キャリアデザイン174頁。
　3）　なお，金融機関の融資のようにキャッシュが手元に入る負債も，

取引を行い，資産（例えば工場の土地建物や機械）や売上（入金まで
は売掛債権，入金後は現金・預金として左側の資産として計上される）
を獲得する。株主が投資した資本金は会社法に基づくものであるし，
銀行等のローン，資産の購入，商品の販売やサービスの提供等はい
ずれも契約に基づく。このように，会社の仕組み自体が会社法に基
づいていて，企業のビジネスそのものが契約に基づいている以上，
企業にとって法は極めて重要である。

(3)　長期的観点からの（法的リスクを中心とした）リスク管理

　法的リスクを中心としたリスク管理は，企業が真剣に取り組むべ
き課題である。リスクを放置すると，それが発現して企業に大損害
をもたらし得る。1つの例をあげよう。

> **事例1**：C社はB社への商品を売り込むため，B社と取引実績の
> あるA社に間に入って転売するよう依頼した。その結果，毎月
> C社が1億円で売った商品をA社がB社に1億100万円で転
> 売し，A社は特に何もせず100万円を得ていた。3年が経過し
> て取引額約36億円，A社の利益約3600万円の段階で，商品の
> 欠陥が判明した。B社は製品の回収（リコール）を行い，回収
> 費用30億円をA社に請求する。C社は費用を負担できず，A
> 社はほぼ全額を負担することとなった。

　この事例は，法的リスクの典型例である。何もしないで月に100
万円がもらえる「美味しい」話に思えるが，A社は「売主」であ
り，商品に欠陥（契約不適合）があれば責任を負う。
　確かに他社の間に入って取引を行うこと自体は頻繁に生じており，
間に入ること自体が悪いわけではないものの，当然のことながら，

───────────────

　仕入先に支払いを待ってもらう（買掛債務を負う）ようにキャッシュ
が手元に入らない負債もあるが，どちらも将来返済・支払の必要があ
るという意味で経済的に類似している。

事前に損害賠償等のリスクを想定し，そのリスクを管理する必要がある。そのリスクを軽減するための対策を講じた上で取引をすると決定したり，場合によっては，軽減しても相当以上のリスクが残るので，取引をしないと判断したりすることもある[4]。

そして，実務では，プラスの方向にもマイナスの方向にもどちらにも転び得るリスクに留意が必要である。

> **事例2**：銀座の焼肉店が5億円で買えるという話が来た。銀座のビル1棟を借りた焼肉店で，コロナ禍前は毎年30億円を売り上げ，経費は20億円で，10億円の利益が出ていた。アフターコロナで客が入り続ける限り非常に「美味しい」案件である。しかし，再度コロナ禍と同様の状況になれば，20億円の経費はかかるが売上ゼロでマイナス20億円になってしまう。

事例2では，うまくいくと大きなプラスになるが，失敗すると大きなマイナスになる。プラス・マイナス双方の可能性がある中，いかに合理的にマイナスを抑えるかは重要なリスク管理である。

リスクを適切に管理する際は，「長期的観点」と「情報」が重要である。短期的な観点であれば「今は銀座に来る人が多いので，5億円は安い，買おう！」となるかもしれない。しかし，長期的には再度感染症が蔓延するリスクや，「外国人観光客が大量に来て売上30億円を実現していたが，観光客が落ち着けば，売上は減る」とか「経費20億円は人件費や材料費が安い時代の話で，今は30億円近く経費がかかる」といった観点から，「買わない」「1億円なら買う」といった判断をすることもあり得る。その他，「最初は1億円だけを払い，その後5年間の利益の合計の10%を後払いする（ア

---

4)　この事案でB社は「C社はリコール費用を負担できない小さな会社なので，C社と直接取引をせず，A社と取引をする」というリスク軽減策を取っていたと評することができる。

ーンアウト）」という合意をするとか，場合によっては「他の企業と一緒に買うことで，損失を半分ずつ負担する」といった選択肢も出てくるだろう。また，情報という点では，そもそも案件の存在を知らないと，法務としてリスク管理に関与できない。

このように，法務部門は，会社の様々な部門において存在するリスクに関する情報を収集して，どうすればそのリスクを長期的な観点から管理できるかを考え，他の部門と協力しながらリスク管理を実施していく5)。

⑷ 4つのカード

法務部門はどのようにリスク管理を行うのか。従来，予防法務と紛争解決法務という2つのカード（管理手法）があるとされていた。

予防法務は，契約審査等を通じて事前に紛争の発生を予防する。取引先がリスキーなビジネスを持ちかけてきた場合に，契約上のリスクを取引先が負う形にするなどの営為を通じてリスクを管理する。

紛争解決法務はいわゆる事後対応であり，損害賠償を請求されたり，場合によっては不祥事が起こったりしたときに，示談交渉，裁判手続，広報対応，行政対応等の事後的な対応を行う。

その上で，3つ目のカードとして，戦略法務が注目されている。経営者の良き相談相手となり，経営レベルの意思決定，例えば経営戦略策定に参画していくことで，より重要なリスク管理に参画するというものである。戦略法務の問題意識は，経済産業省が公表した「国際競争力強化に向けた日本企業の法務機能の在り方研究会報告書」6) においては法務のパートナー機能として論じられている。

---

5) この点は松尾・キャリアデザインおよび渡部友一郎『攻めの法務 成長を叶える リーガルリスクマネジメントの教科書』（日本加除出版，2023 年）が参考になる。

6) https://www.meti.go.jp/policy/kyoso_seisaku/kokusaizennbunn.pdf (2018), https://www.meti.go.jp/shingikai/economy/homu_kino/

　これに加え，筆者は以前から，「第4のカード」である公共政策法務の重要性を強調してきた。公共政策法務では，現行法や現在の所轄官庁の解釈上では違法またはその可能性があって進められない案件を，法令の改正や「お墨付き」の獲得を通じて進める。新規ビジネスが適法ならばそのままビジネスを進めれば良いし，ビジネスのやり方を変えることで，既存の法規制の枠組みを前提にビジネスを進めることができるかもしれない。しかし，それすら難しい場合には，法制度自体を改革したり，所轄官庁からお墨付きを得たりすることで新たな枠組みを作ることも選択肢となってきた。

　そして上記報告書では，企業法務に「クリエーション」機能があるとされ，まさに公共政策法務が注目されるようになった。

(5)　ビジネスを「止める」ブレーキなのか？

　企業法務については，例えば，営業部門が賄賂を贈って新興国ビジネスを有利に進めようとする場合に法務部門がそれを止めるなど，「ビジネスを止める」側面が強調されることがある。

　確かに，違法行為を止めなければならない場合もなくはない。しかし，通常は営業部門として意図的に違法行為を行おうとするというよりは，単に法令に違反すると知らないだけで，そのことを知れば，法務と話しながら適法に進めようとすることから，実務上，法務がビジネスを止めざるを得ない場面はそう多くはない。

　むしろ，法的リスク管理の観点から，この方向に進めてはどうかなどと助言し，営業部門等が安心してアクセルを踏めるように支援することが，法務の大きな役割である。

pdf/20191119_report.pdf（2019）

3 企業法務の業務の特徴

(1) 企業法務の業務の大きな流れ

イメージの理解のため，企業法務の業務（個別案件対応）の大きな流れを紹介しよう[7]。

> **事例：**営業部門が，潜在顧客から引き合いがあることから，契約を締結して自社商品を売りたいとして，法務部門に相談をしてきた。このような場合，法務部門としては，同部門に対応を依頼した営業部門と協力して契約締結に向けた対応を行うことになる。

社内には，契約を締結する場合には法務に相談するとか，稟議（→第2章2(2)）の過程で法務の承認がなければ決裁が下りないといったルールが存在する。法務はそのような仕組みを通じて情報を収集する。なお，ルールがあっても，本音のところで信頼されていないと情報を得ることはできない（→第6章2(3)）。

このような依頼をきっかけに，法務部門は営業部門から情報を収集する。メールや社内チャット等を利用するほか，必要であれば，ミーティング（最近はWeb会議も多い）等も実施する。そして，収集した情報を基にリスク管理に向けた検討を行い，契約書等の成果物に落とし込む。一連の過程で他部門や社外の知見が必要となる場合がある。例えば税務については，経理部門や税理士に確認する。専門的な法律知識が必要になる場面や，複雑で非定型的契約が問題となる場面では顧問弁護士に相談することもある。

その他，例えば，社内で改正個人情報保護法に対応するというプロジェクトが立ち上がり，法務部門が主担当となれば，関連する各

---

7) 松尾・キャリアデザイン3頁以下も参照。

部門（IT部門や総務部門，人事部門等）を巻き込んで，プロジェクトを推進するといった業務も発生する。このような，法務部門が中心となって，（消極的なものを含む）異なる意見を持つ他部門を巻き込みながら案件を前に進めていくことは，大変ではあるものの，法務の業務の醍醐味の1つといえるかもしれない。

(2) 他部門や外部との信頼関係の重要性

法務部門の仕事においては，情報を収集し適切なリスク管理を行うために他部門との信頼関係が重要である。法務部門が各案件について「他人事」という姿勢で臨んだのでは，他部門からの信頼を得ることができず，法務部門の役割を十分に果たすことができない。だからこそ法務担当者は，他部門も同じ会社の仲間であるという意識を持ち，自分事の姿勢で向き合うことが重要である。

また，顧問弁護士に相談することで専門的な法律知識を補充する等，外部との関係も重要である。

とはいえ，他の部門等との付き合い方は簡単ではない。例えば，依頼部門の悩みを聞けば聞くほど，その部門に肩入れしたくなる。しかし，法的なリスクが高いのに「やってもいい」と言ってしまえば，リスク管理の役割を果たすことができない。要するに，自分事として誠実に向き合い，他部門の信頼を勝ち取りながらも，長期的リスク管理のために「言うべきことは言う」姿勢が必要なのである。

(3) 課題解決の重要性

上記（→2(5)）で，法務がビジネスを止めることはあまりないと述べた。もっとも，法務の課題解決能力（→第4章2(6)(d)）の高さ次第で，ビジネスを止めることが増える可能性がある。

ある特定のビジネスAに法的リスクがある場合，例えば「A′の方法ならば元のビジネスAと異なるが法的リスクはほぼない」「A″

の方法ならば元のビジネス A と近く，法的リスクは残るものの今より大幅に下げられる」などという代替案を法務が依頼部門に提案できれば，課題を解決し，リスクが管理された形でビジネスを進めていくことができる。しかし，代替案を提案できないならば，「ビジネスを止めろというのか」と言われかねない。

法務には，営業部門のやりたいことをいかに適法に（法的リスクを抑えて）実現するかに関する知見が必要である。顧問弁護士等とも協力しながら，法務担当者はビジネスに関する知見をフル活用して代替手段の提案をする必要がある。

(4) 企業法務に必要なスキル

法務部員（法務担当者）に必要なスキル（→第 4 章）についてここで触れておきたい[8]。

(a) 基礎的能力

まず，基礎的な能力として，ビジネス理解，事務処理，情報収集・分析および文書作成が挙げられる。

まず，どのような商流（どこから買い，売るのか，付加価値は何か，儲けが出る仕組みはどうなっているのか）か，業界における立ち位置，業界用語・社内用語のビジネス理解が全ての前提となる。ビジネスを理解していないと，会議で依頼部門が何を話しているのかを理解することができないだろう。

事務処理の際には，「型」が基本となる。例えば，雛形が存在する典型的な類型の契約の雛形を理解し，依頼部門がリスクを適切に判断できるように説明するといったものである[9]。

---

8) なお，松尾・キャリアデザイン 18 頁以下も参照。

9) 例えば「当社は予想外の莫大な損害賠償をされないよう，売買価格を損害賠償の上限としています。その上限撤廃という先方の提案に応じると，損害賠償額が青天井になりますので，上限額を上げるとしても，何らかの上限を設定すべきです」というような説明である。

　情報収集・分析においては，「事実」と「評価（その人がその事実を基に考えていること）」の峻別が重要である。例えば営業担当者が「先方は，絶対にこの条件 A でないと受け容れません」と述べても，実際には単なる営業担当者の思い込みかもしれない。そこで，先方が「条件 A が絶対だ」と述べたのか，条件 B を提案して拒否されたのか，そして先方の現場担当者が述べただけか，それとも組織としての公式な意思決定がされたのかなどを確認すべきである。

　文書作成は，ビジネス文書作成能力をイメージしている。A を伝えたければ，誰が読んでもスッと A とわかる文書を作ることも「型」の１つといえる。

(b)　コミュニケーション能力

　組織は，仕組みづくりを行うことで，「普通の人」を戦力化する（→第3章）。「このマニュアルを使えば，大学生アルバイトでも戦力化できる」といったマニュアル作りが典型である。

　もっとも，仕組みだけを作れば安泰ではなく，それを前提に必要な個別対応を行う必要があるし，時代の変化によって仕組みを変える必要も出てくる。また，仕組みに乗った対応でも，消極的な反対をされて協力が得られないかもしれない（→第6章2(3)）。

　そこで，適切なコミュニケーションを行うことが重要である。コミュニケーションにおいては「巻き込む」力，すなわち，他人を引き込み，他人に実力を発揮してもらう力が重要である。「巻き込む」には，相手をよく見て，きちんと腹を割って話す必要がある。相手が何を思っているか，相手は何を懸念しているか，相手はどういう状況なら協力したいのか等々を理解して物事を進めていく。必要に応じて，第三者を利用することもある。例えば，営業担当者が理解してくれないので，法務部長に協力をあおぎ，営業部長との会議を設定して説明するなどである。このように，社内のステークホルダーを巻き込んで一緒にプロジェクトを推進する能力が重要である。

(c) 法律知識

もちろん，法律知識もあるに越したことはなく，常に勉強が必要であるが（→第4章），難しいところは上司や顧問弁護士に尋ねることができる。「これは上司や顧問弁護士に確認すべきではないか」というリスク感覚を身につけておけば，十分に補うことができる。

(d) 課題解決能力

そして，課題解決能力（→第4章2(6)(d)）が最も重要である。長期的リスク管理のため，リスクを抑えながらプロジェクトの目標を達成できるという代替案を提案し，コミュニケーションをしてプロジェクトを前に進めていく。

課題解決のためには，ビジネスの知識に基づき，交錯する関係者の思いを読み解き，どのような方法であれば実現可能性があるのか・ビジネスの目的を達成できるのか等を考慮した上で，法律知識を基にメリット・デメリットを検討する必要がある。その意味で，課題解決には総合力が問われるところ，法務担当者1人で全ての能力を兼ね備えているとは限らない。もっとも，リスク管理は1人ではなくチームで取り組むものである。そこで，自分が結節点となって，上司や他部門，顧問弁護士等をつなぎ，課題解決を試みる。

そのような課題解決のためには，ビジネスや社内のキーパーソンを知り，うまくコミュニケーションを行う必要があるところ，まさにこのような能力はビジネスパーソンにとって必要な能力である。つまり「良き法務担当者は良きビジネスパーソン」なのである[10]。

---

10) 松尾・キャリアデザイン18頁。

4 企業法務とキャリア

(1) 企業法務のキャリア

　法務の伝統的なキャリアパスとして，若手の頃はジョブローテーション（→第3章1(5)）で様々な経験を積む，キャリアの中盤以降は法務・知財・コンプライアンス・内部監査など法務に関係の深い部門を中心に異動，最終的には法務部長を目指す場合が多かった。

　ただ，法務部門がインハウス弁護士を採用する場合が典型的であるが，営業等を経験させず，法務系中心のみのキャリアパスとする方向性も見られる。

　加えて，そもそも法務キャリアのゴールを法務部長とするのではなく，それよりも上のポジションを作る動きも見られる。例えば戦略法務（→2(4)）の重要性に鑑み，CLO（Chief Legal Officer）やGC（General Counsel）を置き，法務有識者を経営陣とする動きがある[11]。このように，かつてよりも法務キャリアにおいて「上」のポジションが増え，昇進がしやすくなっている。

　ただし，このように法務の地位が高まりつつあるものの，全員が法務部長になれるものではない。そこで，例えばマネージャーキャリア（→第4章3(2)）であっても，法務に限定されない（コンプライアンス，知財等を含めた）法務系の管理職や，総務・経理・人事を含めたバックオフィス全般の管理職，場合によってはそれ以外の部門の管理職や社長をも目指すキャリアもあり得る。サッカーでは後ろにいるゴールキーパーが状況を把握して指示を出すところ，法務というバックオフィスがいるからこそ分かる会社の全体像に関する知見を将来のキャリアに生かすこともできる。

---

　11) なお，CRO（Chief Risk Officer）のように法的リスクに限らないリスク管理を担当する役員を置くところもある。

　また，スペシャリストキャリア（→第4章3）として，専門性を高めて会社に貢献することもあり得るだろう。ただし，役割分担の観点から，企業として社内外の専門家にそれぞれ何を頼みたいのかを考慮に入れておくべきであろう。すなわち，自分自身がどのような専門性を高めたいか，一方で会社としてその専門性を社内の担当者に発揮してもらうことを望んでいるか否かといったことを確認することで，充実したキャリアを歩むことができるだろう[12)]。

(2)　法務と転職

　法務のスキルはポータブルスキル（→第4章2(4)）である。企業や業界が異なっていても，法務のスキルを生かすことができる。よって，法務キャリアを歩む場合には，異なる業界も含む転職が比較的容易である。最近は法務経験者を採用する企業も多く，法務のキャリアデザインにおいて転職の可能性も考慮すべきである。

　ここで，社内でキャリアを発展させる際に重視されるポイントと，転職時に重視されるポイントが異なり得ることには留意が必要である。社内では，問題解決能力として，どれだけビジネスや社内のキーパーソンを知り，うまくコミュニケーションができるかが問われる（→3(4)）。しかし，転職の際は，元の会社固有のビジネス知識よりは，法務としてのスキルや経験が問われる。そこで，まずは「良きビジネスパーソン」としてビジネス部門と信頼関係をうまく構築し，情報をもらってリスクを管理する経験を積んで社内で評価されることを目指した上で，転職の際は「その経験の中で，社外でも使えるこのような学びを得た」と一般化して説明（→第1章4）できるように（言語化）しておくべきである。

---

12)　例えば，自分がある分野の専門家になることを望んでも，その分野は顧問弁護士の先生にお願いしているので，社内で専門家を育成するつもりはない，という可能性もある。

　また，「隣の芝は青い」とばかりに転職した後に後悔することもあるから，いつでも転職できる人材となった上で現在の職場の継続と転職を比較して考えることが望ましい（→第3章3）。

(3) 企業ごとの相違

　大企業の場合には法務組織があり，比較的ルールや制度も整備されている。そこで，既存のやり方を学ぶことで案件を回すことができるようになる。まずはマニュアル等に沿って対応しながら，その背景にある法令や法的リスク等を学んでいくことになる。また，数多くの上司・先輩に質問できるという点では，環境として優れている。ただし，自分から積極的に学ぶ姿勢を持つべきである。

　中小企業の場合は，いわゆる「一人法務」の場合もあるし，例えば総務と法務，経理と法務，人事と法務等，1人で複数の仕事を兼ねる（兼務する）こともあり，そもそも法律に関する質問に答えてくれる人が社内にいない場合もある。また，顧問弁護士に相談したくても，予算が少なくなかなか依頼できないこともある。さらに，上司が法務の仕事を理解していないこともあるだろう。このような意味で，中小企業法務に課題があることは否定できない。もっとも，中小企業は社風その他の環境次第で自分の希望に適合していればよい就労環境となり得るし，また，スタートアップ（→第2章）等，将来的には大企業になることを目指しているところもあることから，組織の拡大過程に伴走し，その成長を支援しながら自らも経験を積んでキャリアアップすることに魅力を感じるかもしれない。

(4) 社内制度とキャリア

　企業に属しているのであれば，その企業が設ける社内制度を，キャリアデザインのためにフル活用すべきである（→第7章5）。例えば，国際的な法務を目指したい場合，社費留学制度を利用し，会社

負担で留学できるかもしれない（→第4章5(2)）。また，海外子会社の法務担当にさせてもらう方法もある（→第5章4(3)）。

　もちろん，制度自体が存在しても，利用する許可が下りるかは保証の限りでない。しかし，積極的に手を挙げ，例えば自分が留学することで自社に与えられる価値を説明する（→第1章4）などの工夫をすることで，チャンスをつかむ可能性が上がる 13)。

(5)　継続的学習の重要性と方法
(a)　継続的学習の重要性
　一生学び続けることが必要な時代が到来している（→第4章2(3)）。法律が常に変わり，常に変化を続けるビジネスに即した問題解決が重要な法務には，このことがまさに当てはまる。法務担当は最新の状況に対応するためのリスキリングを継続する必要がある。
　確かに「楽」はできないものの，経験に基づく知識をブラッシュアップし続ければ，経験がない若者や，「楽」をして勉強していない経験者に比べて，キャリアにおいて有利になる。
(b)　顧問弁護士との交流の中で学ぶ
　法務の業務を進める中で顧問弁護士に法律等を教えてもらうこともできる。顧問弁護士に依頼して案件を遂行する過程で学ぶことは，案件に即した具体的かつ実務的な学びであるという意味でも，学びながら給料をもらえるという意味でも，効率的な学習方法である。
(c)　書籍・セミナー
　書籍については，紙の書籍を買うのが伝統的であったが，最近はLegal Library 等の法律関係の電子書籍を 1000 冊以上閲覧できるサービスを会社で契約していることも多い。業務に必要な書籍を閲覧

---

13)　なお，組織のリソースを利用する以上，その分実際に組織に貢献することが求められる。例えば社費留学制度であれば 5 年以内に転職すると留学費用の返還を求められることがある。

できるようにする趣旨ではあるが，ある意味では一種の福利厚生（→第7章5）であり，そのような書籍を通じて追加的な費用負担をすることなく勉強することができる。

　また，一種の福利厚生として料金を会社が負担して業務時間中にセミナーに参加させてもらえることもある。また，最近はオンラインのものを中心に無料セミナーも頻繁に開催されている。SNSやセミナー会社の情報発信をチェックすると有益なセミナーに出会えるかもしれない。もちろん，そのセミナーが時間を割く価値のあるものかを見極める必要はある。

(d) 教えることを通じて学ぶ

　法務部門は，コンプライアンス研修等の形で社内研修講師等を依頼されることがある。このような機会に，他部署の社員に教えることを通じて学ぶことも有益である。また，OJT（On-the-Job Training）で，後輩を教えることを通じて学ぶこともできる。他人に教えるためには自らの経験や知識をわかりやすく整理する必要があるし，自分自身は「当たり前」と思っていたことを改めて説明することで，その理解を改めて確認することができる。

(e) 経営法友会等の法務交流団体

　経営法友会や日本組織内弁護士協会等の法務交流団体を通じて社外の人と交流することができる。このような団体においてもセミナー等が開催されている。

　最近はSNSによる交流も増えている。SNSを有効に活用することで，実務上関心の高い最新判例や法律分野の時事問題，学者や実務家の論考等の有益な情報を収集することができる。

(6) 予防法務とキャリア

　予防法務の典型は契約法務である。契約法務を行う上では，まずはNDA（秘密保持契約），売買契約，業務委託契約等の典型的な類

型の契約レビューの経験を積み，自社の雛形を利用して勉強し，対応できるようになるべきである 14)。加えて，実務でよく問題になる法令，例えば下請法，独禁法や消費者法を知ることは重要である。

　そのような基礎を習得した上で，特殊であるものの，実務上よく問題となる類型の契約，例えばシステム開発等の IT 契約や，M＆A 契約をレビューすることができれば，今後のキャリアや転職の際に「武器」になるかもしれない。また，英文契約等のドラフト・レビュー等の国際的な対応ができることも重要な強みになるだろう。

(7)　紛争解決法務とキャリア

　紛争が起きた際には，まずは交渉での解決が模索される。交渉能力は予防法務においても必要である。交渉能力を培っておけば契約交渉のほかにも広い範囲で有用だろう。しかも，交渉能力については，法務に限らず他の部門に配属されても役に立つ。例えば，営業に配属されれば，営業担当者としての交渉にこのスキルを生かすことができる。また，待遇・転職・異動等に関する自分のキャリアを向上させる局面でも交渉力が役に立つ。

　訴訟は顧問弁護士が代理人を務め，法務担当者は訴訟管理を行うことが多い。そのような訴訟管理の経験・能力もキャリア上重要である。

　紛争解決法務の中には不祥事対応もある。不祥事は二度と起こってほしくないという意味では，その知見が（社内で）どこまで役に立つのかという問題はあるものの，そこでの厳しい経験は法務としての総合力の向上につながるだろう。

---

14)　松尾・キャリアデザイン 35 頁以下参照。

⑻ 戦略法務とキャリア

戦略法務（→2⑷）の能力を生かし，ゆくゆくは CLO や GC に就任し，経営陣の一員として経営に関与する可能性がある（→⑴）。

法務担当者として戦略法務対応の機会があるとしても，最初は直接役員に説明するのではなく，法務部長が役員に対して行う説明の支援等の形が多いだろう。その場合，自分が法務部長だったらどのように役員に説明・説得するかといった，より高い視点（自分の現在のポジションより少し上のポジションの目線）に立って考える経験を積むのがよいだろう。

また，戦略法務を行う中では，自然と経営陣と話す機会が増える。そこで「面白い若者だ」と評価されれば，人脈を構築でき，キャリア進展の可能性が広がるかもしれない。

⚡Column　経営にますます重要な影響を与える企業法務の未来像

過去においては，企業における法務部門の地位はあまり高くなく，「法務課」がある程度で，法務「部」という部レベルの部門を法務のために設ける企業は少なかった。それが現在では法務部を設ける企業が増え，また，CLO/GC 等の法務担当役員までも増加している。このように，法務の地位は徐々に向上してきた。

将来的に，法務は経営にますます重要な影響を与えることが予想される。そもそも，法的なものを含むリスク管理は経営にとって重要である。だからこそ，経験に裏打ちされた法務部門からのリスク管理における助言，経営戦略策定上の助言，意思決定における助言その他の企業の舵取りに関わる助言を経営陣が求めている。法務部門がその期待に応えることで，さらに法務の地位が向上するだろう。

リーガルテック（→第 12 章）が例えば契約レビューやリーガルリサーチの一部を担うようになる中，法務部門が今後何をすべきかが問題となり得るところ，上記のような経営陣の期待に応えることは，この問題に対する 1 つの回答となり得るだろう。

第9章

法曹のキャリア

1　法曹三者

　弁護士・裁判官・検察官を法曹三者と呼ぶ。以下，各類型について説明するが，弁護士の仕事は3で詳述する。

⑴　弁護士

　弁護士は法曹三者の中で人数的には最も多い[1]。最初のキャリアとして，裁判官や検察官を選んだ人も，弁護士には「定年」がないことから，キャリアのどこかで弁護士になることが多い[2]。

⑵　裁判官

　裁判官は，民事・刑事等の裁判の判決を下す。そのためには，当事者が提出する主張や証拠が争点ごとに整理されていなければならない。そこで，争点を確定させ，それぞれの争点に関する当事者の主張を噛み合わせるため，主張の整理を主導する。民事訴訟においては，その過程で和解を勧奨することも多い。

　裁判官のワークライフバランス（→第5章）に影響するのは，2，

---

1)　約90％。数にして約45000人（「裁判所データブック2023」）。なお，女性弁護士は弁護士全体の20％程度である（菅原ほか編著・女性弁護士のキャリアデザイン2頁）。

2)　なお，逆に，弁護士任官として弁護士が裁判官になる道もある。

3年ごとの転勤である。ただし中堅以降は，例えば関東圏等，概ね1つの地域の中を回るようになることが多い。

(3)　検察官

　刑事事件において捜査や公判における訴追する側を担当する。特捜部以外は，捜索など現場に行って証拠を収集するような業務の大部分は警察に任せることができる。重要な業務としては被疑者を取り調べて調書を作成し，起訴・不起訴を決め，公判において訴追側として訴訟を追行することが挙げられる。

　担当検事が素案を考える（例えば，起訴すると決めて起訴状をドラフトする）ものの，決裁プロセスが存在し，組織として起訴・不起訴の意思決定をすることになる。このようなプロセスを経ることで，先輩からチェックを受けて内容の質が向上し，最初はまだ経験が浅く個人の力量が低くても，組織として作成される成果物の質が向上する。ただし，担当検事の意向が必ずしもそのままは反映されないという意味で，組織と個人の関係が問題となるだろう（→第6章2）。また，裁判官と同様に2，3年ごとの転勤がある。

2　法曹になるまで

(1)　司法試験

　法曹になるには，まずは司法試験に合格しなければならない。法科大学院卒業予定者，法科大学院卒業者および司法試験予備試験合格者に受験資格が与えられ，例年1400～1800人が合格する。

　学部3年で法科大学院に行き，在学中の2年目（最終学年）に司法試験を受験する形にして，学部4年で予備試験に合格した人と同じタイミングで法曹になれるようにすることで，法科大学院の魅力を向上させようとしている（いわゆる「3+2」構想）。実際に初回の

2023 年の在学中受験者の合格率が高かった 3)。

　司法試験は毎年 7 月に行われ，マークシート式（短答式）と論文式をまとめて受験する。マークシート式は憲法・民法・刑法，論文式試験はいわゆる六法（憲法・民法・刑法・商法・民事訴訟法・刑事訴訟法）に加え，行政法と選択科目が問われる。

⑵　法科大学院

　法科大学院では司法試験受験資格を得るだけではなく，法曹になった後に向けて，高度で専門的な法律家としての知識や能力を養う。未修コースは 3 年間，既修コースは 2 年間である。既修コースは学部で 4 年程度（上記の「3＋2」であれば 3 年程度）既に法律を学んでいるかそれと同程度の知識があることを前提としている。未修コースであれば事前の法学の学習は必ずしも要求されていないものの，1 年で既修コースとの差を埋めなければならない。

⑶　司法試験予備試験

　司法試験予備試験は，法科大学院で学ぶべきものを習得していることを証明する試験である 4)。誰でも受験することができるので，法学部生，法科大学院生，社会人等が受験している。

　六法，行政法および教養のマーク式試験である短答式試験がまずは最難関である。その上で，司法試験と同様の科目が問われる論文式試験で約 500 人が合格する。論文合格者の多くは最後の口述試験

---

　3)　在学中受験者 1070 名中，637 名が合格した（https://www.moj.go.jp/content/001405789.pdf）。なお，法曹コースはこのうち 122 人である（https://www.mext.go.jp/content/20231220-mxt_senmon02-000032781_2-2.pdf）。

　4)　予備試験の目的を「司法試験を受けようとする者が前条第 1 項第 1 号に掲げる者［筆者注：法科大学院卒業生］と同等の学識及びその応用能力並びに法律に関する実務の基礎的素養を有するかどうかを判定すること」とする司法試験法 5 条 1 項参照。

（口頭試問）も合格する。そして，予備試験合格者のほとんどが司法試験に合格する。

予備試験は誰でも受験できることから，「腕に覚えがある」のであれば挑戦すべきである。ただし，法科大学院で実力を伸ばす方が向いている学生もいるだろう。自分の特性に合わせて望ましいルートを考えるべきである。

なお，法曹になるか迷っている学生にとって予備試験に向けて1年間全力で勉強することは検討に値する。仮に不合格でも，その結果を踏まえ，予備試験の勉強を続けるか，法科大学院に行くか，あるいは別の道に進むか，より具体的に考えることができる。

⑷　司法研修所

司法試験合格者は，1年間司法研修所で司法修習を行う。

司法修習においては，例えば弁護士志望者であっても，必ず検察と裁判所の研修も受けなければならない。これにより，法曹三者がそれぞれどのように考えるのか，相対的な視点を養うことができる。例えば，弁護士志望者にとって，刑事裁判修習は，裁判員による評議を聞く最後の機会である。この経験を踏まえ，弁護士として裁判員をどのように説得すればよいかを考えることができる。

なお，修習の最後に実施される司法修習生考試，いわゆる二回試験は合格率が高い分，プレッシャーが大きい。

3　弁護士のキャリア

(1)　一般民事と企業法務

(a)　大ざっぱな分類であること

　弁護士のキャリアは，大きく分けて，企業に所属するいわゆるインハウスのキャリア（→4）と，事務所に所属するキャリアに分けられる。そして後者の事務所所属のキャリアは大ざっぱに分類すれば一般民事と企業法務に分けられる 5)。

　ただし，一般民事事務所でも企業を顧問先としているところが多い。つまり，実際には，多くの弁護士が双方の類型の業務を遂行していることに留意が必要である 6)。

(b)　一般民事

　一般民事 7) は主に個人が抱える法律上の悩みを解決する仕事である。典型的な業務内容としては以下のものがあるだろう。

> ・借金
> ・交通事故
> ・家族関係
> ・（労働者側の）労働問題

　例えば借金問題の解決のため，返済計画を作って金融機関と交渉したり（債務整理），破産を申し立てたりする。また，交通事故の

---

　5)　松尾・キャリアプランニング 32 頁以下も参照。
　6)　これらのうち一方を中心にキャリアを発展させたい人は，「その就職先で実際にどのような業務を遂行できるのか」を事前にきちんと確認しておかないと，「企業法務のキャリアを想定し，企業法務もできるという事務所に就職したものの，9 割方一般民事の仕事であった」といったミスマッチが生じ得る。
　7)　なお，多くの一般民事事務所は刑事事件も対応している。

被害者側なら被害回復を求めて加害者と交渉し，裁判を追行する。

(c) 企業法務

企業法務は，企業の長期的なリスク管理を支援する。具体的には，予防法務・紛争解決法務をサポートする。そして，近年では戦略法務をサポートすることも多くなり，また，公共政策法務のサポートを行う弁護士も増えている（→第8章2(4)）。

法務部門が存在する企業においては，法務担当者が企業法務の業務を行っている。だからこそ，弁護士は法務担当者と協力して「二人三脚」で，企業の長期的リスク管理が実現できるよう対応していく。この意味で，企業法務弁護士の仕事は，「法務担当者が必要とすることを実現する」ものであり「法務担当者の悩みを解決する仕事」といえるだろう[8]。

そこで，まずは案件を依頼してもらえるよう，法務担当者の悩みを解決する能力（例えば専門性）を身につける必要がある。そして対応方針を考え，その方針について法務担当者その他の関係者と協議をし，組織として意思決定をしてもらい，その意思決定に基づき，例えば契約書や意見書等の成果物を作成する。

(2) アソシエイト弁護士・パートナー弁護士

(a) 事務所所属弁護士の分類

法律事務所に所属する弁護士は大きく分けて「経営側」と「勤務側」に分けられる。勤務側はアソシエイト弁護士（俗に「イソ弁」），経営側はパートナー弁護士（俗に「ボス弁」）と呼ばれる。

(b) 固定報酬部分があるか否か

アソシエイトには固定報酬部分があるがパートナーにはない。もちろん，完全歩合制のアソシエイトや，シニアパートナーから「最

---

8) 松尾・キャリアプランニング37頁以下参照。

低年間売上 1000 万円は保証する」といわれているジュニアパートナー等も存在するので，相対的な部分はあるだろう。

固定報酬部分で，事務所の経営や自分自身の個人事件（→(d)）の売上にかかわらずある程度の報酬を確保でき，この安心感は若手の頃は重要である。これに対し，経営側に回り，固定報酬部分がない（赤字になり得る）というリスクを取れば，経営責任を果たすことで，うまくいった場合の「ハイリターン」を実現できる。独立は一般には「ハイリスク」である。そこで，就職した事務所でのパートナー加入によって，共同経営者となり，引き続きシニアパートナーから依頼を受けながら徐々に自分の顧客も探すという方法は「ミドルリスク・ハイリターン」と評することができる（→(3)(b)）[9]。

(c) 営業・依頼者対応

アソシエイトも一定の営業や依頼者対応をする。例えば，いわゆるコンペ形式などと呼ばれる，企業が複数の事務所に提案を依頼する際のプレゼン資料を作るなどの営業の支援をすることはある。また，シニアアソシエイトにもなれば，自分に「ご指名」の依頼に対し，対応案を自分で考えて，パートナーと相談しつつも，自分から依頼者に返すことも少なくない。

ただ，これらの営業や顧客対応は，やはり「パートナーの営業や顧客対応のお手伝い」という位置付けである。万が一トラブルになれば，パートナーが火消しに動くし，営業や経営について最終的に責任を負うのはパートナーである。

(d) 個人事件

事務所にもよるが，いわば副業（→第6章4）として，勤務弁護士が事務所を通さず事件を受けることが（条件付きで）許容される

---

9) なお，もし法人形式で経営する事務所（弁護士法人）のパートナーになると，「弁護士法人社員」となり，法律上「無限責任」を負うことから，経営状況を把握した上で社員になるか判断すべきである。

ことが多い。勤務弁護士が受任する事件を個人事件と呼ぶ。将来的な独立やパートナー加入のことを考え，若い頃から小さめの事件で営業経験等を積むのがよいという考えによるのであろう。

　なお，所属事務所の別の弁護士が原告代理人をやっている訴訟の被告代理人を引き受けるのは，弁護士倫理上問題である。このような事前のコンフリクトチェックや，事務所のリソースを使うことの可否（例えば担当秘書に個人事件の手伝いを頼めるか）といった条件はクリアしなければならない。しかし，そのような条件を確認した上で，受任から請求まで一貫して自分で事件を処理することは弁護士としての能力向上につながるし，収入面でもメリットがある。

⑶　独　立
⒜　独立へのハードルの高まり

　伝統的には，弁護士は「まず法律事務所に『居候』する『イソ弁』として入り，将来的に独立や，入った事務所の後継者になるなどして法律事務所経営者になる」というキャリアが１つのモデルとされた。その理由は伝統的な「弁護士は一国一城の主たるべし」という弁護士観に加え，かつては弁護士が少なく，独立のハードルやリスクが今よりも相対的に低かったこと，そして，従来事務の大規模化を志向する人が少なかったこと等によるだろう。

　しかし，2000 年代後半に弁護士となった筆者の世代では，既にこのような伝統的な弁護士観はほぼなくなったように思われる。事務所が大規模化し，特に大都市では様々な事務所が既に存在するところ，新規参入ハードルは従来と比べて高まっている。

　もちろん，計画的に独立することで，成功を果たす人がいることは間違いない。つまり，いわば「起業」（→第２章 5）として事業計画を立て，例えば現時点で個人事件で得ている顧問先から◯円の安定収入があることを前提に，その範囲で経費が収まるよう，最初は

安い事務所スペースを借り，まずは事務員を雇わずに独立し，仕事が回ってきたら事務所を広くして事務員を雇い，イソ弁に入ってもらうというような形で計画的に進めるのであれば，そこまでリスクは大きくないかもしれない。

　もし独立を考えているのであれば，アソシエイト時代に，経営者目線を持って自分の仕事を評価すべきである。つまり，例えば自分が現時点でアソシエイトとして1000万円の給料をもらっているとして，経営の観点から，自分が独立した後に同じような報酬のアソシエイトを雇った方が，雇わない状況より良いとなるためには，どの程度の売上増加が必要かなどを考えるとよいだろう [10]。

　(b)　複数人での独立

　複数人で独立することも考えられる。これによって経費を節約することができる [11]。また，自分は苦手だが，共同経営者は得意な類型の仕事が来た場合に，共同受任することもできる。

　もっとも，独立をしたい理由が，自分でその事務所の経営を決めたいということであれば，複数人がビジネスパートナーとなる以上，自分の意向が実現しないことが多くなる。例えば，最初は3名でやっていたが，仕事も増えてきたのでイソ弁を雇いたい，今の事務所は手狭なので引っ越したいと考えても，他の2人が反対するかもしれない。単に経費を複数人で頭割りすることで安くしたいというだけの理由で共同経営をするのであれば，失敗しやすい。しかし，共同経営における様々な困難の可能性を考えてもなお優位性があるとして，トラブルの回避・解決策を事前に考えた上での複数人での独立であれば，1人の場合よりも成功確率が上がるだろう。

---

10)　純粋な売上－経費＝利益（→第2章2(1)）の観点からマイナスでも，ボス弁が自由時間を得られる等のプラスがあるかもしれない。

11)　例えば3人で独立すれば単純計算で家賃の負担は3分の1になる。

(c) ノキ弁

　パートナー弁護士とアソシエイト弁護士の中間が俗にいう「ノキ弁」(「軒」先を借りる弁護士の意) である。基本的には，パートナー (経営者) 弁護士に「事務所の看板や机等の事務所の設備を使わせてあげる，売上の何割かを入れてね，いい案件があれば共同で受任しよう」などと言われる [12)]。固定報酬がないという面ではパートナー弁護士に近いが，その事務所を経営しているわけではない。

　ノキ弁を選ぶことで独立のリスクを減らすことができる。つまり，初期費用をほとんど負担しなくてよく，また共同受任等の報酬獲得の道も得られるという意味で，円滑な独立に資する。

(d) 即　独

　即独とは司法修習終了直後「即」時に「独」立することをいう。かつては就職難の時代があり，その時代はいわば強いられた (嫌々の) 即独事例も見られた。最近はむしろ，組織に縛られたくない，自分でキャリアを作るという前向きな即独も見られる。

　即独の場合，業務遂行，顧客対応，経営等について先輩の指導を受けないまま，これら全てに自分が責任を負う。仕事を取ることができるか，顧客を満足させる事件処理やコミュニケーションができるか，収入と経費を考慮してうまく運営ができるかなどについて事前に十分に準備した上で (必要なら指導を受ける伝手を事前に確保した上で)，即独に臨むべきだろう。例えば社会人経験者であれば，これまでの経験に基づき上記の準備が整っているとして，即独する選択もあり得るだろう。

---

12)　なお，これはあくまでも典型的なノキ弁の事例をイメージしたものに過ぎず，その具体的状況は様々である。

(4) 弁護士の専門性

(a) 得意分野を持つことの価値

副業・自営的就労時代におけるブランディング（→第6章3(4)）を考えると，得意分野を持って「この分野ならこの人」と思ってもらうことのメリットは大きい。一度ブランディングができると，その分野の仕事が集まり，経験によってさらに能力が高まる。

また，今所属している事務所内でキャリアを発展させたいという場合でも，自分の得意分野を持ち，その得意分野の案件を優先的にボス弁に振ってもらったり他のパートナーから紹介してもらう方がよいという人も少なくないだろう。

(b) 専門特化のデメリット

ただし，ある事項について専門性をつけることで，他の事項に関する専門性を獲得することが徐々に難しくなる面は指摘せざるを得ない。例えば新人時代から5年間労働関係の事件だけをやってきた弁護士が，突然「これからはファイナンスをやりたい」ということには相当の困難性がある。このように専門特化にはキャリアの柔軟性が低下するというデメリットがある。

(c) 広範な基礎を有することの重要性

特定の分野を得意分野としても，それ以外の広い範囲について最低限の知識や経験を有するからこそ，自分の得意分野以外の仕事について「これは自分でできる」「これは他の専門家にお願いする」という判断をすることができる[13]。また，そのような基礎があれば，現時点の得意分野を少し広げていく場合においても，その足がかりになる。その意味で，広範な基礎を持つこともまた重要である。

---

13) 例えば，依頼者の行いたいビジネスに関し，ある特定の整理をすれば，法律Aとの関係では大変有益だが，別の法律Bとの関係では重大な問題を生じさせるということがあり得るところ，法律Bを全く知らない場合，当該整理により生じる法律Bのリスクを考慮に入れないまま，依頼者にアドバイスしてしまいかねない。

このような観点から，キャリアの初期に様々な仕事を経験し，広範な基礎を獲得した上で，パートナーに昇格する前から得意分野を考えるというのは，キャリア形成の方法として検討に値する。

4 インハウス弁護士

(1) 企業の法務担当者の特徴が当てはまる

企業に所属するインハウス弁護士（以下「インハウス」という）には，企業の法務担当者の特徴（→第8章）が当てはまる。

だからこそ，インハウスはビジネスパーソンそのものである。インハウスはビジネスパーソンとして依頼部門の悩み（同僚の悩み）を一緒に解決する立場にある。これに対し，顧問弁護士は「外部の専門家」として，法務担当者（インハウスを含む）が外部専門家の助力が必要と判断したポイントの助力をするという役割分担となる。

以下では，弁護士資格を持つことの意味（→(2)）および，事務所所属の弁護士との比較（→(3)）をしたい。

(2) 弁護士有資格者であることの意義

インハウスは，基本的には同僚である他の法務担当者と同様の仕事を行う。MBAを持つビジネスパーソンがMBAを持たない同僚と同様にマネージメントを行うとか，税理士資格を持つ（例えば経理部の）ビジネスパーソンが他の税理士資格を有しない同僚と同様に経理業務を行うのと同じである。しかし，以下のとおり，弁護士有資格者であることにはなお意味があると考える。

まず，弁護士有資格者であることで，法律知識を証明することができる。もちろん，企業には弁護士資格を有していなくても豊富な法律知識を有する法務担当者は多く存在する。そのまま転職せずに元の企業に属し続けるのであれば，その企業はそのことを十分に理

解しているから，特に弁護士資格取得のニーズは生まれないかもしれない。しかし，転職（→第3章）を考える場合，弁護士資格によって法律知識を容易に証明することができる。

次に，新卒採用（→第3章1）の場合に，例えば法学部出身で，法務をやりたいと希望しても，法務に配属されるかは人事権（配転権）（→第3章1(5)）を持つその企業次第である。しかし，弁護士有資格者を採用する目的はその人に法務キャリアを歩んでほしいという場合が多いだろう。その意味では，弁護士有資格者であることによって（希望する）法務キャリアを歩みやすくなる[14]。

さらに，顧問弁護士等との協力（→第8章）を取り付ける上では，自分自身が法律事務所で働いた経験を有するならば，「どのように依頼すると希望通りの対応をしてもらいやすくなるか」がわかるので，より上手に顧問弁護士と協力して業務を進めることができる。

(3) 事務所所属の弁護士との比較

(a) 役割・立場が異なるだけで，相互に協力し合うもの

事務所所属弁護士もインハウスも，所属先は異なるものの，いずれも法律知識を生かす仕事であるし，実際の業務においては相互に協力し合っている。ただし，それぞれの立場や果たすべき役割から以下のような違いを挙げることができよう。

(b) 労働法の保護

労働者である勤務弁護士も存在するが，多くの勤務弁護士は業務委託である。そこで原則として労働法（→第7章）の規制は及ばない。これに対し，インハウスは会社員であり，労働法の保護が及ぶ。

---

14) ただし，法務にこだわりがなく，むしろ社内で様々な職種を経験し，法務以外を含むキャリアを発展させたいのであれば，ロースクールに行かずに大学学部卒業時に新卒採用で就職した方が，法務に限られない広がりのあるキャリアの可能性が拓けるかもしれない。

　具体的には，残業規制により，インハウスは相対的に長時間の残業は少ない。また，解雇規制（→第3章1(3)）が及ぶことから，解雇（契約解消）のリスクは低く，安心して業務を遂行できる。

(c)　転勤等の可能性の高低

　インハウスは会社員であることから，所属先企業の人事権（配転権）に服する。そこで，少なくとも一般的な事務所所属弁護士よりも転勤の可能性は高くなる。また，グローバル化（→第5章4）が進展する中，世界各国に拠点を持つ日系グローバル企業が，法務の地位向上（→第8章 Column）を踏まえ，重要な外国拠点に法務を置いている。その結果，インハウスであれば，例えばアメリカ，ヨーロッパ，中国等，世界各国への赴任を命じられ得る。

　これに対し，そもそも弁護士事務所は拠点の数があまり多くない場合も多いし，複数拠点があるとしても，事務所の意向だけで転勤をさせることは少ない。

(d)　ハードワークとワークライフバランス（WLB）

　既に述べたとおり（→第5章1），筆者は，事務所所属弁護士だからWLBが実現しなくてもしかたがないとは全く考えていない。近時では各法律事務所がWLBを充実させようと努力している。もっとも，少なくとも伝統的には，事務所所属の勤務弁護士がキャリアの初期において，長時間のハードな仕事をすることが頻繁に見られた。確かに，キャリア初期に一定程度集中的に仕事をすることで勉強になるという側面はある。しかし，それぞれの人に適したハードさの程度は異なる。その意味では，その事務所が求めるハードさ等を事前に把握した上で，自分に適合したものを選ぶべきである。

　そのような観点からすると，インハウスのキャリアにおいては，法律事務所所属の弁護士と比べてWLBを充実させやすく，ハードワークが求められることが相対的に少ない。

　しかし，これはどの組織においてどのような立場で働くかなど，

個別具体的事情にもよる。例えば企業によっては，幹部候補生を海外子会社に派遣して管理担当の幹部職員等に任命し，部下を管理しながら，上司である子会社社長の指示を実行するという経験を積ませる。その場合，海外拠点に社長と自分しか日本人がいないという状況もあり得るかもしれない。これは1つの例であるが，「ハードワークをするのが事務所所属弁護士，WLB が充実するのがインハウス」と一概にはいえないだろう。

(e)　キャリアを発展させる上で問われるものの相違

インハウスには，ビジネスパーソンとしてのスキルや能力が問われる。そこで，法律知識以外の法務担当者に必要な能力（→第8章3(4)）を習得する必要がある。特にマネージャーとして昇進したいのであれば，マネージメントスキル（→第4章3）も重要である。

これに対し，事務所に所属して経営弁護士になるのであれば，営業能力や経営能力が重要となってくるだろう。

そのような，キャリアを発展させる上で必要なものの相違を踏まえ，自分自身に適したキャリアは何かを考えることが重要である。

⤻Column　弁護士にキャリアデザインが必要な時代の到来

これまで述べたとおり，現在は弁護士のキャリアは多様になった。それは，ある意味では可能性が広がったということだが，逆にいえば，単に司法試験に受かっただけで必ず幸せになれるとまでは言えないからこそ多様なキャリアが志向されているという側面も否定できない。そこで，弁護士になる場合のキャリアデザインの重要性が高まっている。

企業法務事務所であれば，それぞれのフェーズごとに期待される内容が概ね定まっている。ジュニアアソシエイトは仕事を覚える段階である。シニアアソシエイトは，パートナーの指導を受けながらジュニアアソシエイトを指導する。また，渉外業務が多く，留学制度がある事務所では，留学に向けて英語の能力向上も図り，留学で英語での案件対応能力を培うことが期待される。ジュニアパートナーは，シニアパートナーの案件

の仕事をしながらアソシエイトを指導し，また，自分の案件を開拓すること等が求められる。このような，どの事務所でも概ね当てはまる事情を踏まえ，個別の事務所の組織風土等も考えながら，自分でキャリアをデザインしていくべきである。

第**10**章

公務員のキャリア

1 公務員の仕事のイメージ

公務員志望の読者の方もいるだろう。みなさんは公務員について
どのようなイメージをお持ちだろうか。

まず,「堅い」といったイメージはありそうである。法律や条例
に則って仕事をしていくので,手堅い処理となる。それは時に「お
役所仕事」とか「柔軟性を欠く」と批判されることもある。

また,「安定」というのもある。いわゆる「親方日の丸」であり
日本政府や自治体は景気に左右されない。そして,年功序列(→第
3章1⑷)的な要素が残っており,ある程度の職位までは多くの人
が昇進し,給料も上がる。そこで,長期間安定して勤務を継続でき
るというイメージが人口に膾炙している。

さらに,勤務形態については,国家公務員と地方公務員で相反す
るイメージがあるかもしれない。いわゆる霞が関の官僚が働きすぎ
である反面,地方公務員の一部に対し,「9時5時」の割には給料
が高いといったイメージもあるかもしれない。

加えて,特に中央官庁については,「国益より省益を優先」してい
る,という各官庁縦割りのセクショナリズムも指摘される。例え
ば,情報通信関係の領域では,総務省と経済産業省が主導権をめぐ
って「縄張り争い」を行うことがあり,俗に「総経(ソウケイ)
戦」と呼ばれることもある。

これらのイメージには正しい部分もあるが，必ずしも当てはまらない部分もある。以下，公務員の仕事とその特徴を紹介しよう[1]。

2 行政活動の目的

公務員は，行政組織の一員として行政活動を行うが，行政活動は何のために行われるのだろうか。筆者は「公益の実現」だと考える。つまり，国民（住民を含む）全体に奉仕する公務員（憲法 15 条 2 項参照）は，まさに国民全体の利益のために活動する必要がある。

公務員の仕事をするに当たっては，国民全体の利益が何かを考えて仕事をしていかなければならない。そして，後述の法執行（とりわけ法執行に当たっての裁量行使）や政策形成（→3）の際は，このような観点を踏まえて権限を行使していくことになる。

ここで，公務員の仕事の全ての局面において，真の意味で公益にかなう処理が何かを個別具体的に考えるとすると，その難易度は非常に高い。しかし，少なくとも若手公務員の行う個別具体的な仕事の進め方については，マニュアル化されていることもある。つまり，「法律による行政の原理」から，行政の果たすべき役割の多くは根拠法令が存在する（→3(1)）。そして，根拠法令に基づき，「多くの場合」において公益にかなう仕事の進め方をまとめたものがマニュアルである。また，マニュアル化されていなくても先例を探して踏襲することも多い。

もちろん，例えば目の前の案件の特殊性から，マニュアル通りではない処理が妥当なのではないか，と考えた場合には，その案件の処理の根拠となる法令に遡って，独自になすべき処理を考える必要

---

1) その他，国民の税金が原資であるため，金額の安さを優先しがちで，例えば「霞が関支給のパソコンのスペックが低い」等の点も指摘されるが，深入りしない。

がある場合もある[2]。とはいえ，マニュアルや先例等を踏まえた
対応には，多くの事案を平等に処理するという意味もあることから，
原則としてマニュアル等を参照して処理し，例外的にマニュアル等
と異なる処理をすべきでないか検討する，というスタンスが適切な
場合が多いと思われる。

3 公務員の主な仕事——法執行と政策形成

　公務員の仕事内容（各論）は後述するが（→5・6），公務員の重
要な仕事には，法執行（ここでは条例等を含む広い意味である）と政
策形成がある。そしてこの二者は密接に関係している。

(1)　法執行

「六法の半分占める行政法」と言われるように，福祉国家である
日本には，様々な行政法（行政について規律する条例を含む）が存
在する。行政法には要件と効果が規定されている。許可制度を定め
ている法令であれば，許可を得るために満たすべき要件や，要件を
満たした場合の効果としての許可の内容等についても規定されてい
る。

　例えば事業者が，あるビジネスを行うには許可が必要だと判断し
た場合，役所に許可を申請する。そして担当公務員が，その申請内
容を法令に基づき審査する。その審査の結果，許可要件を満たすと
判断した場合に，役所はこれを許可することになる。

　ここで，行政裁量について触れておきたい。公益をいかに実現す
るかについては，一義的には国会や地方議会で議論して，それが法
律・条例等に落とし込まれる（また，その下位規範として，政令，省

---

　2)　これは行政法でいう，いわゆる「個別事情考慮義務」である。

令や規則が制定される)。そこで，行政における法執行においては，まずは法令が第一に参照される。しかし，一般的に議員は必ずしも個別の分野に関する専門性が高いとはいえない。また，公益を実現するためどのように対応することが最適かについては，個別具体的な事情によることも多い。そこで，法令においてはその趣旨・目的を定めて，あるべき公益の姿を枠付けるが，行政が自由に判断できる余地を与えることがある。例えば要件として抽象的な「公益に資する場合」を入れたり（要件裁量)，効果として許可を与えることが「できる」（効果裁量）と定めたりし，具体的な事案における適用について，個別具体的な事情に基づく判断にかからしめる。これが行政裁量である。

　このように法令上行政裁量が与えられている案件においても，恣意的な判断をするなど裁量を逸脱・濫用すると，当該行政の判断は違法となる。よって，法令の趣旨・目的や，法令の規定する（場合によっては抽象的な）要件・効果を踏まえ，適切に裁量を行使しなければならない。また，上記のとおりマニュアルや先例が存在する場合には，実務上はそれらを参照して処理を行うことが多い。

(2) 政策形成

　公務員の仕事は，国会・議会の定める法律・条例を単に執行するだけではない。政策の形成も公務員の重要な仕事である。

　政策には様々なものが含まれるところ，法令や予算を通じて政策を実現していく。例えば，行政をデジタル化しようとなると，デジタル時代に合わせ様々な法令を改正する必要があるし，デジタル化のためにシステムを導入する場合には，その予算が必要である。

　また，民間の活動に対し，規制の強化や緩和によりインセンティブを与えることがある。例えば民泊を解禁する規制緩和では，空き家等の持ち主に対し民泊事業を行う動機付けを与えた。逆に，個人

情報保護法の改正によりいわゆる「名簿屋」(例えば電話勧誘等に用いられる名簿の売買を行う業者) に対する規制を強化することで, 名簿の売買をしない方向の動機付けを与えている。

このような政策はどのように形成されるのだろうか。政策形成には, ボトムアップとトップダウンの2種類がある。ボトムアップは, 公務員が主体的に政策を作ろうとするものである。つまり, 法執行の「現場」を知る公務員が, 必要と考える政策を提案し, 省庁内のプロセスを経て実現に漕ぎ着けるものである。これに対し, トップダウンは政治的に決定された (ないしは有力政治家の「肝煎り」の) 政策を実現するものである。

公務員の立場からすれば, ボトムアップの政策形成の方がやりがいがあるだろうし, トップダウンはプレッシャーが強く大変ということもあるだろうが, いずれも重要な政策形成過程である。

なお, 地方自治体の場合にはトップダウン・ボトムアップ以外に, 国の政策に基づき自治体で行うべきと決められた事務を遂行するという業務がある。例えば個人情報保護はかつて各自治体が条例に基づき行っていたが, 個人情報保護法の 2021 年改正により, 基本的には全国一律のルールが決められ, その国の法令を各自治体が実施するための施行条例が制定された。

(3) 法執行と政策形成の関係

法執行と政策形成には相互に密接な関係がある。

上記のとおり, 法執行によって現場を知っているからこそ, 現場のニーズを拾ってボトムアップの政策形成につなげることができる。また, トップダウンの政策をよりよく実務に落とし込む上では, このような現場に関する知見が有用である。

また, 通達やガイドラインによって法令の規定が運用レベルまで落とし込まれるところ, まさに運用レベルのルールの内容も重要な

政策事項である。例えば遠隔診療は一時期まで極めて厳しく制限されていたが，その根拠となっていたものは通達であり，通達変更によりいわば「解禁」された。大がかりな法律の改正がなくとも，通達等の内容が社会に大きな影響を及ぼすこともある。

4　民間の仕事と比較した場合の公務員の仕事の特徴

(1)　直接的には「儲ける」ことが期待されていない

　公務員の給料は税金から払われるため，民間と異なり，ビジネス（→第2章）のように直接的に「儲ける」ことは期待されていない。

　例えば，移動が困難な地域の人のためのバスを自治体が運営するとしよう。そのようなニーズは，民間事業者が撤退した過疎地域等において存在することから，自治体によるバス事業が赤字となることは容易に想定できる。民間であれば今後も赤字が続くビジネスは続けられないとしてバス事業を終了させる方向となるだろう。しかし，行政の場合，多少赤字となり，穴埋めのために公費を投入するとしても，それが政策評価の観点から公費投入に値する政策なら，その事業を続けることに意味があるし，そのような民間ではできない事項こそ，公的部門に委ねられるべきである[3]。

　ただし，もし思考停止に陥り，十分な政策評価を行わないまま漫然と事業を続ければ，税金の無駄になりかねない。そこで公務員は，税金が公益に資する形で有効活用されるよう知恵を絞らなければならない。例えば，バス運営事業において乗車率が極めて低い場合，移動の困難性を解消するという公益は（ほとんど）実現していない。乗車率を上げる方法の検討をしないまま，漫然と空のバスを走らせ

---

[3]　ビジネス上の工夫をすれば利益が上がるような，民間でも対応可能な事項について，大きな予算を持つ公的部門が担うことは，民間事業者を圧迫する可能性もある。

続ければ，「血税の無駄遣い」という批判を免れられないだろう。

(2) 国会・議会対応

　公務員の仕事でハードとされるのが国会・議会対応である。会期中は，議員の質問の際に大臣等が行う答弁を公務員が準備する必要がある。質問をする議員は質問事項を事前に送付することになっている（質問通告）が，遅くなる場合が多い。結果，答弁の前日の夜遅くまで，質問される分野を担当する可能性のある多くの公務員が残って質問通告に備え，具体的な質問が通告されると対応すべき部門の公務員が徹夜で対応するといった状況が未だに見られ，公務員のWLB（→第5章1）を阻害していると批判される。

(3) ジョブローテーション

　公務員は，民間企業以上に，頻繁なジョブローテーションが見られる（→第3章1(5)）。例えば15年くらいの間に7つのポストを経験するといったことも稀ではない。

　異動直後の何も知らないところから，マニュアル（→2）等を利用して仕事を覚え，仕事が回せるようになったらまた次の職場へ異動，というような状況が繰り返される。様々な経験を通じて，所属省庁等の業務に関する多面的な理解を得られるとか，「飽きない」という側面はあるだろうが，それを楽しめるかは，公務員に対する適性と関係する。

　この点は「心持ち」が重要と思われる。「出会いを楽しむ」というスタンスで臨むことができれば，異動を前向きに捉えることもできる。他方，主体的に担当分野のことを学ばないと，中途半端な経験だけで，専門性がなく，転職等をする際のウリがないとして将来的なキャリアの発展を阻害しかねない点には留意が必要である。

(4) 調 整

ジョブローテーションは，様々な業務と様々な人を知ることで，省庁内部の調整を円滑にしようとしていると評することもできる。

公務員にとって，調整は非常に重要である。法執行における裁量行使も，政策形成も，公益に関わる以上，様々な利害関係者がいろいろな考えを持っている。そこで，どの結論になっても誰かが不満を表明するような状況も十分にあり得る。このような中，どのように対立する利害を調整するかが重要である。

例えば，霞が関では「ポンチ絵」といわれる，1枚のパワーポイントのスライドに様々な利害関係者の意見や要望をまとめたものが作成されることがある。あまりにも細かく作り込まれているので，「読みにくい」「マンダラのようだ」と評されることがある。しかし，細かな文言の中にいずれかの利害関係者の意向が反映されていることがあるので，基本的にはそれをシンプルにすることはできない。これもある意味では調整のためのツールの1つである。

調整に関しては，政策の中身をどうするかというサブスタンス（サブ）と，それ以外のロジスティクス（ロジ）の対応があるところ，年次が若い頃にはロジが主な仕事となるが，徐々にサブについても仕事を任せられていく傾向がある。

利害関係者の誰かが不満を持つ状況が不可避であれば，丁寧な説明によって，少なくとも決定手続に関する不満を最小化するといった調整が必要となろう。このような調整能力は公務員の強みであり，これはポータブルスキル（→第4章2(4)）ともなり得るだろう。

(5) セカンドキャリア

公務員は，法執行や政策形成を通じて法律を知っている。そこで，それを基にしたセカンドキャリアが考えられる。つまり，自分の担当業務をきっかけに関係する法令を勉強し，それを基に次のキャリ

アを実現するということである。

なお，税務業務に従事した場合には税理士（業務や期間に応じた科目免除や試験免除），行政事務に従事した場合には行政書士（行政事務に17年以上従事した場合の特認制度）等の資格上の優遇がある。

5 国家公務員

(1) 国家公務員の種類

国家公務員には総合職，専門職および一般職がある。

総合職は，政策の企画立案等の高度の知識，技術または経験等を必要とする業務に従事する職員である。キャリア官僚とも呼ばれる。

専門職は，特定の官庁の特定の職種に採用されることを前提としている。例えば，国税専門官であれば，税金の徴収等を専門的に行う国税庁のポストにつくことになり，ジョブローテーションの範囲が限定される。

一般職は，主として事務処理等の定型的な業務に従事する。

これらは，行政機関に就職する場合であるが，裁判所に就職して公務員となるキャリアとして裁判所書記官，事務官等もある（国会への公務員としての就職については後述〔→第11章〕参照）。

(2) 各省庁固有の業務と，省庁を超えて共通する業務

国の行政機構としては，内閣府と11省があり，その他様々な機関が置かれている（次頁図参照）。

各省庁には固有の業務が存在する。例えば，財務省であれば各省庁の予算を査定するという業務がある。もちろん各省庁も概算要求を作成し，財務省と交渉するが，査定という業務は財務省固有であろう。しかし，省庁を超えて共通する業務も多い。上記の法執行，政策形成（→3）や調整（→4(4)）はその典型である。

国の行政機関の組織図

（令和 5 年 8 月 1 日時点）

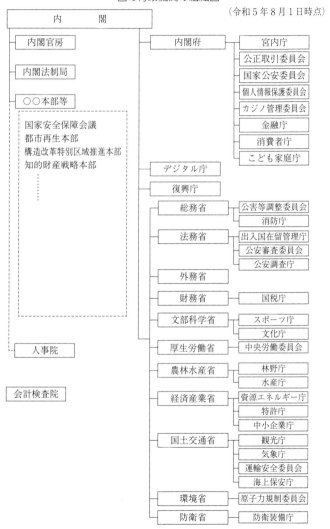

出所：内閣官房ウェブサイト（抜粋）（https://www.cas.go.jp/jp/gaiyou/jimu/jin
jikyoku/files/kikouzu_3.pdf）

　民間企業において，ビジネス部門と管理部門（→第2章4(4)）があるように，公務員にも同じ省の中に事業系（原課・所管課）と官房系（事務系）という区別がある。原課・所管課はその省庁が所管している法令の一部を担当しており，その運用実務を担っている。官房系（事務系）は財務，人事，法規 4)，政策企画等を行う。

　そこで，自分のやりたいことができるか，自分の強みが活かせるかを踏まえ（→第1章），希望する省庁を考えることになる。

(3)　地方公務員と比較した国家公務員の特徴

　国家公務員は内閣提出法案を起案する（→第11章2(2)）など，国の政策を形成する重要な役割を果たしており，「天下国家」を語ることができ，スケールが大きい。

　また，国家公務員の場合には取り扱う予算が比較的大きい。日本の国家予算は毎年100兆円程度であるが，地方自治体では，年間歳出が1兆円に満たないところも多い。

　さらに，転勤先は全国，場合によっては全世界となりうる。例えば，各省庁は各自治体に出向ポストを持っている。また，大使館に出向ポストがあると，外国の日本大使館への転勤もあり得る。

(4)　国家公務員のキャリア

　総合職の国家公務員には留学のチャンスがある。この機会を生かして国際性を磨くことはキャリア形成において重要である。

　地方自治体への出向は良い機会である。すなわち，総合職の場合，いわゆる本庁（霞が関）にいることが多く，現場に行くとしても，研修程度の関わり方にとどまることも多い。これに対し，地方自治体への出向の場合には「戦力」として期待され，比較的裁量がある

---

4)　民間でいうところの法務に近い。

ことも多いので，やりがいが大きいだろう。また，中央省庁と折衝する地方自治体内部の様子を知るという意味で，霞が関に戻ってからも役に立つ経験を積むことができる。

⑸　国家公務員の転職

伝統的には外郭団体等に再就職するというルートがあったが，いわゆる「天下り」が批判され，簡単には再就職できなくなった。現在は，公務員がセカンドキャリアについて真剣に考える必要がある（→4⑸の内容も参照のこと）。

特に若い国家公務員の転職先としては，戦略コンサルタントが注目を集めている。すなわち，調整（→4⑷）能力は高いものの，ジョブローテーションのため個別の現場での経験が浅い場合，特定の事業への貢献がどこまでできるか，十分に説明（→第1章4）できないことがある。そこで，地頭と調整能力を活かし，戦略コンサルタントとして特定の分野に関する経験を積み，その分野の企業に転職するといったキャリアは，良い選択肢となり得る。

また，例えば，最近は組織内の公共政策部門（→第11章6）や公共政策コンサルタント（→第11章7）への転職も増えている。引き続き行政と関わることから，在職中の人脈を活かすことができる。

6　地方公務員

⑴　地方公務員の仕事の種類

地方公務員の仕事は霞が関の各省庁と類似するが，完全には一致しない形で区分される。自治体ごとに異なるが，例えば東京都豊島区には，政策経営部・総務部・区民部・文化商工部・環境清掃部・保健福祉部・子ども家庭部・都市整備部・教育部等の部門がある[5]。

　それぞれの部門はさらに課や係に分かれており，それぞれ異なる
事務を所管する。

(2)　一言で「地方」と総括してはならないこと

　地方公務員といっても，例えば都道府県市町村は約1700あり，
予算の面でも人材の面でも少子化の面でもそれぞれ全く状況が異な
る。そこで一言で「地方公務員はこうだ」とは言えない。

　地方公務員を目指す場合，各自治体の規模や抱えている課題等を
踏まえ，自分がキャリアを発展させるのにふさわしい自治体を検討
することが重要である。

(3)　国家公務員と比較した地方公務員の特徴

(a)　国家公務員の特徴の逆が当てはまること

　上記（→5(3)）で地方公務員と比較した国家公務員の特徴につい
て述べた。それと逆の特徴が地方公務員に当てはまる。つまり，政
策の適用範囲や予算，転勤先が国家公務員よりは限定されている。

　以下では，そのことを前提に，比較的重要と思われる「現場への
近さ」と「異動の範囲」について検討していきたい。

(b)　比較的現場に近いこと

　地方公務員の特徴として，比較的現場に近いということを指摘で
きる。もちろん，国家公務員でもそれぞれの地方に出先機関がある
が，霞が関にいるとどうしても現場から距離がある。

　現場に近い仕事を希望するのであれば，国家公務員のうちの現場
に近い専門職（→5(1)），地方出先機関における一般職または地方
公務員を目指すことになるだろう。

---

　5)　「豊島区組織及び事務分掌」（https://www.city.toshima.lg.jp/460/ku
se/soshiki/006404.html）参照。

(c) 異動の範囲

地方公務員の異動の範囲については，業務の面では国家公務員よりも幅広く，地理的な面では国家公務員よりも狭い。

まず，業務の面では，国家公務員でいうところの省庁をまたぐような幅広い業務の変更がある。例えば，出向を除けば，国家公務員が厚生労働省から国土交通省に異動することはあまりないが，地方公務員の場合，福祉課から土木建築課への異動は普通に見られる。

これに対し，地理的には，基本的にその自治体の中で転勤することになる。この点は，ワークライフバランスを考える上で重要な要素であろう（ただし，国に出向することなどはあり得る）。

゛゛Column　公務員とビジネスとの密接な関係

上記（→4(1)）のとおり，公務員の業務は直接的には「儲ける」ことは期待されていない。その意味では，ビジネスとは関係が薄いと思われるかもしれない。

しかし，そもそも公務員は税金を原資とする業務を取り扱っているところ，税収は景気に大きく影響される。

また，公務員が所轄する法令の多くは（何らかの側面で）ビジネスと関係するので，ビジネスを知ることは，公務員として仕事をする上で重要である。例えば，マイナンバー関連の法令のような一見ビジネスとは関係のない法令を所管する場合でも，マイナンバーカードの医療機関における保険証としての利用や，スマホアプリ等における本人認証システムとの API 連携を推進するに当たっては，病院における現場の運用や，スマートフォンの本人認証技術の仕組み等を知らなければ，効果的な施策を打ち出し，適切な法執行を行うことは困難であろう。

加えて，セカンドキャリアとして企業への転職も増えている（→5(5)）。

このように，公務員とビジネスの間には密接な関係があり，公務員だからといってビジネスと無関係でいられるわけではない。

第11章

立法に関与するキャリア

1 立法の重要性

本章では立法に関するキャリアを取り上げたい。

立法を担う機関といえば日本では国会だが，地方公共団体も法律の範囲内で自治立法権（条例制定権）を持つ。本章では主に国会の立法について述べるが，地方議会の制定する条例に当てはまるところもあるので，適宜読み替えていただきたい[1]。

国会では，主に法律および予算が審議・議決される。多くの政策は，法律および予算という形で結実する。

法律および予算を執行する行政や，紛争を法律に基づき解決する司法も重要だが，多くの政策に関する意思決定は立法段階で行われる。その意味で，立法はとりわけ重要である。そこで，立法に関与するキャリアを選択肢に入れることは有意義なことであろう。

2 立法に関与する人々

(1) 立法に関与するのは政治家だけなのか？

学生に，立法に関与するキャリアも考えてみては，と声をかける

---

1) なお，政令は内閣が，省令は各省（大臣）が制定するが，このような行政府の策定するルールについては，本章では主たる検討の対象とはしない。

と「政治家は無理です」といった反応が返ってくる。確かに，立法
に関与する主体として容易に思い浮かぶのが国会議員である。しか
し，それ以外にも多くの立場の人たちが立法に関与している。各省
庁の立案担当者はもちろんのこと，学者や実務家，業界団体の代表
者等の有識者も，省庁の審議会等に委員として参加して意見を述べ，
関与する。筆者も弁護士として，公共政策法務（ルールメイキング）
を行う形で関与している[2]。

　以下，立法過程を素描した上で，民間以外と民間に分けて，それ
ぞれどのような関与があるのか，具体的に説明する。

(2)　立法の過程の素描

　国会で審議・議決される法案には，議員が提出する議員提出法案
と，内閣が提出する内閣提出法案がある。

　内閣提出法案が成立する可能性が高いものの，議員提出法案も重
要な役割を果たす。

　議員提出法案は，衆議院においては議員 20 人以上（予算を伴う
場合，議員 50 人以上），参議院においては議員 10 人以上（予算を伴
う場合，議員 20 人以上）の賛成で発議される（国会法 56 条 1 項）。
そこで，まずはこのような人数の賛成が集められるよう，議員，党
内または超党派の議員グループ（例えば議員連盟）等で議論が行わ
れる。ただし，仮に発議自体が可能であっても，可決成立のために
は原則として過半数が必要であるところ，さらに賛成を広げること
ができるかが課題となる。このように議員が発議して成立した法律
を議員立法という。議員立法は各議院の法制局がサポートする。

　内閣提出法案は，まず各省庁が原案を作成する。その際には，各
省の担当部局が中心となって，有識者や利益団体メンバーから構成

---

　2)　松尾・キャリアデザイン第 12 章，松尾・キャリアプランニング第
　　7 章。

される審議会等での議論を経つつ，省内他部局と調整する。当該内容が他の省庁の所管事項と関係する場合には，他省庁と協議・調整をすることが必要である。また，立法技術や過去の立法との整合性等の観点から，内閣法制局の審査を受ける（→5）。その後，与党審査を受け，閣議決定を経て国会に提出される[3]。国会に提出されてからは，委員会での審査，そして本会議での審議・議決により法律が成立する[4]。前述のとおり，国会で成立する法律の大多数は，提出段階で与党審査を経ている内閣提出法案である[5]。

(3)　民間以外の関係者

　このような立法過程を踏まえると，民間以外では，政治家と公務員（所轄官庁および関係官庁，法制局）が主要なプレイヤーである。このうち，所轄官庁および関係官庁の官僚の立法への関与については，第10章の政策形成の仕事として既に述べた。そこで後ほど，政治家（→3），政治家を支える議員秘書（→4），そして法制局（→5）についてそれぞれ述べることとする。

(4)　民間の関係者

　民間の関係者として，学者等の有識者が審議会等に参加することについては既に述べた（→(1)）。

　また，各組織（企業，業界団体，消費者団体，労働組合，NGO・NPO等が含まれる）は，それぞれの活動の一環として，公共政策活動を行っている[6]（→第8章2(4)）。

---

3)　中島誠『立法学〔第4版〕』（法律文化社，2020年）33頁。
4)　大石眞＝大山礼子編著『国会を考える』（三省堂，2017年）294頁。
5)　茅野千江子『議員立法の実際――議員立法はどのように行われてきたか』（第一法規，2017年）別図2。
6)　松尾・キャリアデザイン第12章，松尾・キャリアプランニング第7章。

　そして，組織による立法に向けた働きかけに関与する者としては，企業内の法務・公共政策担当者，公共政策（パブリックアフェアーズ）コンサルタント（ロビイスト），そして弁護士が挙げられる。

　これらのうち，弁護士の関与（公共政策法務）については既に述べた（→第9章3(1)(c)）。そこで企業内の法務・公共政策担当者（→6）および公共政策コンサルタント（→7）について述べる。

3　政治家

　政治家の重要な仕事は，政策を形成しそれを法律の制定・改正，予算成立につなげることと，立法事実となり得る個別の陳情を元に公務員と折衝することである。そして安定して立法に関与し続けるため，自らの支持を広げ，次の選挙における当選に向けて活動する。

　特に大事なのは，政策形成から法律・予算としての結実に向けた活動である。様々なレベル（国会，行政，政党，議員団体，業界団体等）で委員会やプロジェクトチーム（PT）の会議が開催される。政治家はそのような会議に参加して発言したり，その会議のメンバーでなくても，重要な会議の進捗状況を踏まえて，キーパーソンに対して働きかけ等を行ったりすることで，政策形成に寄与する。そのような政策形成に当たっては政治家自身も各政策の中身について勉強するため，議員秘書（→4）や官僚を通じて情報を収集する。官僚が政治家に政策について説明することを「レク」と呼ぶ。

　それぞれの政策にはその政策を実現すべき根拠（法律制定・改正なら「立法事実」）が必要である。政治家は様々なルートからそのような情報収集を行う。例えば，業界団体等とのコミュニケーションを通じて民間からの提案を吸い上げたり，上記の委員会やプロジェクトチーム等で有識者や当事者を招いてヒアリングをしたり，アンケートを取る。その他，政治家のところに支持者から，またはそ

れ以外から支持者経由で陳情等が入る。そこで，担当の公務員に対して，「何とかならないか」などとコミュニケーションする中で，例えば「今の法律ではこの範囲までしかできない」といった説明をもらい，これを法改正の立法事実にすることが考えられる。

　政治家については，落選した場合の生活が問題となる。例えば弁護士であれば，落選した場合でも弁護士業を行うことで，生活ができることが多い。そこで，弁護士から国会議員に転身したキャリアを持つ人も少なくない[7]。

　また，官僚はもともと政策に強く，政治家との関係が深いことも多いので，官僚から政治家に転身する人も多い。

4　議員秘書

　上記（→3）で，議員秘書による政治家の情報収集のサポートについて触れた。議員秘書は政治家の職務の遂行を補佐する（国会法132条1項）。秘書の仕事はサポート全般であるから，そのサポートの中には，もちろん法律と関係の薄い部分もある。

　ここで，議員秘書の政策立案機能について触れたい。上記の政治家の職務の遂行全般を補佐する秘書に加えて「主として議員の政策立案及び立法活動を補佐する秘書」（政策秘書）を（公費で）付けることができる（国会法132条2項）。政策課題を法的に分析し，どのような内容の法律を制定または改正すればその政策課題が実現するかなどを考えることは政策秘書の重要な役割であるところ，この役割をよりよく果たすには法的素養が必要である。政策秘書が例えば，弁護士資格を持つなど，法律に関する知識を有した上で，このような，政策と法律をつなぐ仕事を行うことが望ましい[8]。

---

　7)　2022年10月1日現在，弁護士登録をしている国会議員は35名（日弁連資料）。

5 法制局

　内閣法制局は，内閣に置かれた行政機関で，主に立法の審査（審査事務）と法解釈に関する意見を述べること（意見事務）を業務とする。立法との関係では，審査事務が重要であり，内閣提出法案（および政令案）を審査する。この審査においては，政策として望ましいかという観点ではなく，憲法や他の既存の法令との関係で矛盾抵触がないか，立法内容に法的な妥当性があるか，表現・配列・用字用語等の誤りはないかなどを審査する。立法がより精度が高いものとなることを支援する内閣法制局の仕事は，大変重要なものである。そのため，内閣法制局による審査は大変厳しく，立法過程における山場の 1 つとなっている。

　衆議院および参議院にも，議院法制局がある。議院法制局は，議員提出法案（→2⑵）の立案等の補佐を行う。このほか，憲法問題・法律問題に関する国会議員等からの照会に対する調査・回答も行っている。

6 企業内の公共政策担当者

　ますます公共政策活動が重視されている昨今，法務部門の業務として公共政策法務を行う企業が増えている（→第 8 章 2⑷）。加えて，公共政策の専門部門を作る企業もある。公共政策対応を行うことは，いわば企業が将来進むべき道路を舗装するという重要な役割を果たすこととなる[9]。そこで，企業において公共政策法務を中

---

[8]　ただし「主として」であり，支持者への挨拶回りなど，その他の秘書としての業務も行うこととなる。

[9]　渡辺弘美『テックラッシュ戦記』（中央公論新社，2024 年）27 頁

心的に行うキャリアは，今後より魅力的なものとなるだろう。また，そのキャリアを生かした公共政策コンサルタントへの転身も可能である。

7 公共政策コンサルタント

公共政策コンサルタントは，各社が行う公共政策法務を支援する。ロビイストと呼ばれることもある。

公共政策を民間からボトムアップで形成する上で，各社では公共政策担当者や法務担当者が公共政策法務を行っていく（→第8章2(4)）。しかし，会社によってはそもそも公共政策法務に精通した担当者が存在しなかったり，存在したとしても既存の担当者では専門性や人脈が不十分だったりすることがある。公共政策コンサルタントは，このような場合に各社のサポートをする。

例えば，政治家や公務員に人脈を持っていて，まさにその案件に適任な人に「つなぐ」ことができるのは公共政策コンサルタントの強みである。また，それぞれのタイミングでそれぞれの政治家がどのような考えを持っているかを知っており，例えば「日本の競争力強化という話につながれば前向きに話を聞いてくれそうだ」といった政策立案の進め方を考えるのが得意である。要するに政策形成の「ツボ」を把握して，それをいかに活用して円滑に公共政策を実現するかを考えるのである。

新卒で入社して先輩コンサルタントの人脈を継承する（政治家や公務員などキーパーソンに名前を覚えてもらう）ということもあり得るが，現在は公務員からの転職が多い（→第10章5(5)）。

_____

参照。

～'Column　反対派のことを常に考える

　立法に関与するキャリアにおいて重要なのは，特定の政策には常に反対派がいる，ということである。例えば，少子高齢化対策を講じる，という一見多くの人の賛同を集められそうな政策でも，その具体的な内容が「社会保険料を上げる（国民の負担を増やす）」というものであれば，なぜ国民負担を上げるのか，現役世代の負担が上がればむしろ少子化が進むのではないかといった反対の声が上がる。ここではその当否を論じないが，どのような政策にも反対派がいることは常に意識をしておくべきである。

　そして重要なのは，その反対派との関係が一時的なものではなく，むしろ反対派とは今後も長期間関係を継続せざるを得ないということである。例えば，ライドシェア解禁に関する賛否の構造を模式的に示せば，ライドシェアプラットフォームが賛成で，タクシー会社やその業界団体は反対である。仮にライドシェアが解禁されても決してタクシー会社やその業界団体がなくなるわけではない以上，このような反対派との関係はその後も継続する。

　だからこそ，「反対派にとってどう見えるか」という観点は非常に重要である。例えば，支持者に「反対を抑え込んだ！」と説明すること自体はあり得るが，それが報道された場合，反対派からの信頼を失う可能性もある。これが立法に関与するキャリアの難しく，かつ重要なところである。

第12章
AI・リーガルテックの発展とキャリアの将来像

1　AI・リーガルテック時代の到来

　2018年頃から，契約レビューAIなど，法律分野に適用されるテクノロジーであるリーガルテックが提供され始めた。リーガルテックはその後も発展を続け，様々な分野で広く利用されている。

> ・**契約レビュー**——契約を審査する際に，ソフトウェアが一般的なチェックすべき事項に関する確認結果を表示してくれるので，見落としを回避できる
> ・**電子契約**——物理的なハンコを押さなくてもオンライン上で契約を締結することができる
> ・**書類作成**——質問に回答すると契約書等の文書を生成してくれる
> ・**CLM（Contract Lifecycle Management）**——契約を締結までのものと考えるのではなく，締結後の管理や更新・終了管理，ナレッジ共有・活用まで，そのライフサイクルを通じて管理する
> ・**リサーチ**——単なるデータベースのキーワード検索を超え，徐々に「知りたいこと」に答えを出す方向へ変化しつつある
> ・**ODR（Online Dispute Resolution）**——オンライン上での紛争解決サポートがされる／要件事実に基づく判決予測等

　2024年時点では大企業の法務部門では何らかのリーガルテックを利用することが一般化している。当初は，「弁護士のようなことをリーガルテックが行うことは，弁護士による業務独占を定めた弁

護士法に違反するのではないか？」という疑義もあった。確かに，「弁護士や法務担当者を不要とする」テクノロジーには問題がある。しかし，2023年8月に法務省は「AI等を用いた契約書等関連業務支援サービスの提供と弁護士法第72条との関係について」を公表し[1]，「弁護士や法務担当者を支援するツール」について，広範囲で適法とされた。そこで，リーガルテックの発展が期待される。

2022年11月にChatGPTがリリースされると，ChatGPTおよびLLM技術を用いた類似のAI（以下「ChatGPT」と総称する）が大きなブームになり，法実務においても利用されるようになった。

このようなAI・リーガルテックの利用はまだ初期的な段階に過ぎず，例えば20年後を見据えると，将来的には，AI・リーガルテックが当然のように法律事務所や企業の法務部門の業務に組み込まれる時代が来るだろう。AI・リーガルテックの発展とキャリアの未来について，考えていこう。

2 AI・リーガルテックはビジネスパーソンや 法務のキャリアを変えるか

⑴ ChatGPTではなくあなたを雇うべき理由は？

既にChatGPTが様々な仕事を遂行できるようになっている。AI技術が急速に発展する中，仕事はAIに任せればよいのではないか，という考えはますます広まっていくだろう。

キャリアのことを考えると，AIと同じことしかできない人に仕事を任せるニーズはますます低下していく。もしかすると就職活動（→第3章）では，「ChatGPTが様々な仕事を遂行できるようになっている中で，当社はどうしてあなたを雇うべきなのですか？」と

---

1) https://www.moj.go.jp/content/001400675.pdf

いった質問をされるかもしれない。

　そのような，いわば AI と比較される時代において，自分を雇うべき理由を説明する必要がある。後述するように（→(5)），「私はChatGPT をうまく使い，ChatGPT だけではできないことを実現し，会社に貢献できます！」と答えられれば，明るい将来が待っている。

(2)　AI には技術的制約がある

　AI は決して万能ではない。しかし現時点でできないことでも，技術の進展ですぐにできるようになることが多い。そこで，筆者は，AI が「現時点」で何ができるか／できないかということにはあまり関心がない。むしろ，20 年スパンにおいて簡単には改善できない点を重視し，これを「技術的制約」と呼んでいる。

　この観点でみると，ChatGPT のような学習系 AI は，既に多くの類似のことが言われていれば「いい感じ」の回答を示すことができるものの，①新しい課題や，仮に課題がデータの多い分野に属していても，その課題における（他の類似の課題と異なる）特徴的な部分に対してうまく回答できない，②根拠「らしきもの」は示せても，本当の意味での人間の弁護士のような根拠は示せない，③第三者に操作されるリスクや AI が利用者を操作するリスクがある，④AI 企業が免責条項等を盾に AI のミスに対して責任を取らない等という制約が，少なくとも相当程度の将来にわたって続くはずである。

(3)　当面は AI なしで業務を遂行できなければならない

　このような技術的制約から，ChatGPT 等の AI が仕事のあり方を変えるとしても，短期的には業務の支援にしか使えないだろう。

　ChatGPT は一定割合で間違える。だから，その回答の正しさを検証できる人でなければ利用できない。これは「AI に仕事が奪わ

れない」というよい面はあるが，AIがなくてもその仕事を遂行できる人しかAIをうまく使いこなせないということでもある。

　だからこそ，まずはAIを利用しなくても業務を遂行できるような能力をOJTやOff-JTを通じて身につけること（→第4章5）こそが，実はAI時代に対応する上で重要なのである。

(4)　長期的には業務代替は発生するが，それは一部にとどまる

　例えば2040年までといった長期を見据えると，特に豊富なデータに基づき正解を導き出すことができる分野では，AIの精度が高まり，仕事の一部をAIに任せる動きは進むだろう。そこで，AI・リーガルテックのリテラシーがマストとなる。このような時代において，AI・リーガルテックに指示をして，出力された結果をザッとチェックする仕事は，ある意味では「誰でもできる」仕事になってしまう。2040年においてAI・リーガルテックのスキルはないと困るが，あるからといって差別化にはならない。それは，2024年現在におけるパソコンのスキルと同様である。

　ますますChatGPTの能力が向上する中「確認・検証したふり」をする人材と「本当に確認検証する」人材がなかなか区別できなくなる。AIの能力が向上した結果，きちんと確認検証しても，結果的に修正する必要がないと判断される可能性が高まる。新人が易きに流れ，何もチェックせず「AIの言うとおり」と繰り返すだけでも確かにその場をやり過ごすことができるだろうが，将来のキャリアという観点からは，その未来は暗いだろう。

　そして，2040年になっても，なおAI・リーガルテックが全ての分野について人間以上のパフォーマンスを発揮できるわけではない。そもそも「正解がない」分野，すなわち豊富なデータに基づき正解を導き出すことができない分野，例えば新しい分野やコミュニケーションはAI・リーガルテックには苦手である。もちろん，コミュ

ニケーションについても，AI・リーガルテックが支援をする[2]が，最終的にどうするかは人間が責任を持って判断することになる。

(5)　AI 時代にも「必要」とされる人になるためには

AI 時代にはどのような人が必要とされるか。大内伸哉『AI 時代の働き方と法』は，「新しい技術は，当面は安泰と思われていた非定型業務について，作業の効率化を図るにとどまらず，その業務自体を人間の手から奪いつつある」(18 頁) とした上で，人間の仕事は「人間であれば多くの人ができるがコンピュータにとっては難しい仕事」と「コンピュータではどうしても実現できず，人間の中でも一握りの人々しか行わない文脈理解・状況判断・モデルの構築・コミュニケーション能力等を駆使することで達成できる仕事」の 2 種類になるとする (19 頁)。

前者は技術の進歩に応じて徐々に減っていき，むしろ後者，つまり前記でいう「正解がない」分野の仕事が重要な人間の仕事として残るだろう。具体的には，例えば，以下のような業務は人間の行うべき重要な業務として残るのではないか。

> ・具体的事案に照らして AI に尋ねるべき内容が何かを考える
> ・AI の提示する一般論を具体的事案に適用する
> ・コミュニケーション
> ・意思決定および責任の引受け
> ・ルール作り，組織体制作り
> ・AI とは異なる「この人」の独自の意見が聞きたいと請われる
> ・ニッチでデータが少ない分野の専門家の業務
> ・AI 企業へのサービスの提供

---

2)　例えば，契約レビュー結果を依頼部門に説明するメール案を AI・リーガルテックが作成する。

⑹　自立・自律がより重要となる

　変化が激しい AI 時代においては，人材を教育するよりも市場から調達する方が合理的として，正社員を減らし自営的就労者（→第6章3）の最新の知見を借りる方向に進む可能性が指摘される[3]。

　他方で，「安定」を志向する優秀な人材は存在することから，あえて正社員として雇用を保障するという好条件を示すことでそのような人材を確保し，自ら教育していくという方向も，組織にとって1つの合理的な選択であり続けるだろう。

　いずれにしても，AI によって業務の変革が進んでいく中，従来の正社員中心の大企業の少なくとも一部が，新しい業務はその時々の最先端の知識を持っている自営的就労者に託するという判断をしても不合理ではなく，その結果新卒採用が絞られ，ゆくゆくは正社員以外の選択肢を選ばなければならない人が増える未来もあり得る。将来的には，「いつでも転職できる人材」ではなく，自立した（自律した）「いつでも自営的就労の準備ができている人材」の方が望ましい時代が来るかもしれない。

3　個別の進路ごとのキャリアの未来

⑴　企業法務の未来

　企業法務（インハウスを含む）としては，ここでも短期と長期の2つの観点を持つことが重要だろう。

　短期的な観点からは，やはり AI は「支援」なので，支援されるためには，自分自身でできる能力がないといけない。いわば「法務の素人」であればリーガルテックを使いこなすことができず，法務担当者が「専門家」としてリーガルテックを使いこなすことになる。

そこで，まずは堅実に昔ながらの法務の能力を習得すべきである。

　長期的な観点からは確かにリサーチや翻訳等を想定するとリーガルテックが「オーソリティ」を獲得し，特段専門家の確認検証を経ずにリーガルテックの成果物をそのまま用いても問題がなくなる時代は来るだろう。しかし，これまでも法務部門は顧問弁護士や外国弁護士等に対し，様々な業務を進めるためアウトソーシングをして，社内外の役割分担を決めて管理（アウトソーシングマネージメント）をしていたと思われるところ，このような法務としてのアウトソーシングマネージメントの延長線上に ChatGPT があると考えることができる。そこで，長期的には「他の人や AI をうまく使って各案件で長期的リスク管理を実現する」能力が重要となるだろう。

(2) 弁護士の未来

(a) 一般民事

　一般民事（→第9章3(1)(b)）についていえば，それが典型的な業務類型における典型的な法律問題であれば，AI が過去の豊富なデータに基づき「正解」を導き出し，裁判所の判断を正確に予測できる未来が来てもおかしくない。しかし，弁護士として，依頼者の精神的ケアといった人間らしいコミュニケーションが求められる分野で力を発揮することは十分に考えられる。ただし，今後はコミュニケーションについても，AI がメッセージの返信案を考えるなどの支援をすることになるだろう。その意味では，AI を活用しながらより良い顧客サービスを実現するという将来像が考えられる。

(b) 企業法務

　これまで，企業法務弁護士と企業の法務担当者は長期的リスク管理を実現するため二人三脚で協力していた（→第9章3(1)(c)）ところ，本章冒頭（→1）で紹介したように，多くの業務が今後ますます AI によって遂行されていく中，まさに企業法務弁護士側の業務

は AI に代替されやすい方の業務類型といえる。すると，企業の法務担当者のキャリア（→(1)）は将来有望である反面，企業法務弁護士のキャリアには様々な課題がありそうである[4]。

確かに，従来の役割分担の形に安住してはいられなくなるだろう。しかし，より踏み込んで，新たな時代の法務担当者の悩みを解決する（→第 9 章 3(1)(c)）ことに努める限り，弁護士は引き続き必要とされると考える。ビジネスにより近いところで，具体的事案に照らして AI に尋ねるべき内容が何かを考えたり，AI の提示する一般論を具体的事案に適用したり，依頼者とコミュニケーションし，長期的リスク管理を実現する業務は，まさに AI にできない「人間の手に残る」仕事である。

(3)　公務員の未来

少子化や予算削減による人手不足の「切り札」として，AI が注目されている[5]。

行政による AI の利用形態は，「AI 公務員」に市民サービスを任せる「自動化」と，人間が確認・検証しながら AI をツールとして使う「支援」の 2 種類がある。支援は AI の活用として効果的であるが，自動化に対しては警戒が必要である。

そこで，公務員としては，AI の特性や限界を適切に理解した上で適切に業務を遂行できるようにするため，最低限の AI に関する基礎知識を有しておくべきである。

---

4)　これを松尾・ChatGPT と法律実務では「企業法務弁護士の憂鬱」と称した（296 頁）。

5)　松尾剛行「ChatGPT 時代の行政における AI の利用にあたっての法的課題（1）～（4・完）」戸籍時報 842・843・844・846 号（2023年）［(4・完)は田口裕太弁護士との共著］および松尾剛行 = 田口裕太「行政における AI 利用の法的課題」都市問題 115 巻 2 号（2024年）9 頁を参照。

　加えて，公務員の法執行業務において規制対象となるビジネス全般がますます AI の活用を進める中，民間の AI を利用した活動に対して適切な規制権限を発動するという意味で，少なくとも組織全体としては AI 企業とも伍することができるような AI に関する専門性を持つ人材を確保するべきである。そこで公務員のキャリアとしてこのような方向性を志向することも考えられる。

(4)　立法関係者の未来

　現在は国際的な AI に関するルールメイキングが盛んに行われている。今後も AI が社会のインフラになる中，技術発展が続く AI に関するルールは重要である。そこで，AI に関する立法に関与するというキャリアは有望である。

　その際は，AI，特に学習型 AI を利用することでブラックボックスとなり透明性がなくなってしまうなどの AI のリスクをどのように低減するかについて [6]，様々な利害関係者や AI に関する専門家の意見等も聞きながら検討することが重要である。

4　さあ，考え，体を動かそう

　講義を聞いたり書籍を読んだりするだけでは何も始まらない。読者のみなさんが，もし本書を通じて何かを感じ取ったのであれば，これを契機に，ぜひ自分のキャリアを考え始めてほしい。

　そして，体を動かし，行動を開始していただきたい。大げさに考えず，まずは小さいことから始めよう。例えば，インターネットで検索してみる（ChatGPT に聞いてみる？），先輩に話を聞いてみる，

---

　6)　例えばアルゴリズムの核心的な要素を開示させるなどの義務付けも選択肢であろう。羽深宏樹『AI ガバナンス入門』（早川書房，2023年）も参照。

インターンシップに申し込んでみるなど，行動につなげてほしい。
本書が読者のみなさんの未来のお役に立てれば幸いである。

⸺Column　変わらないために変わり続けることの必要性

　評価は外部からなされる（第 1 章 3 (4)）。社会が急速に変化する中，
自分がそれに対応した変化をしなければ，急速に評価が低下していく。
　例えば，2024 年時点ならば，最後まで会社の正社員にとどまってさ
えいれば，「健康で文化的な最低限度の生活」はできよう。
　しかし，50 年スパンで考えると，今後はそのような常識が通用しな
くなってもおかしくない。だからこそ，どの時代でも必要とされる人材
になるよう，常に自己を変革しなければならない。そのためには，単に
どうリスキリング（→第 4 章）するかだけではなく，自分らしいキャ
リアをどう展開するかを考える必要があるだろう。
　例えば，キャリアに関して自分が決めたポリシー（→第 1 章 4 (5)）
が「労働分野で法的サービスを提供する弁護士になる」場合，そのポリ
シーを実現し続けるには，今後はますます HR テック（労働分野に適用
されるテクノロジー）等のテクノロジーに関する知識が必要になる[7]。
　つまり，ポリシーを維持し続ける（変わらない）ためには，世の中の
変化に応じて自分自身が常に変わり続ける必要があるのである。

---

[7]　松尾剛行『AI・HR テック対応人事労務情報管理の法律実務』（弘文
　　堂，2019 年）および山本＝大島・人事データ保護法入門参照。

おわりに

　本書は筆者のキャリア教育に関する研究および実践の成果をまとめたものであるが，以下の方々のご助力なしには完成しなかった。心より感謝している。

　研究面において，例えば新保史生慶應義塾大学教授や大内伸哉神戸大学教授は，AI が普及する時代の法律や労働のあり方に関する研究発表等の機会をくださった。また，村山健太郎学習院大学教授には，『キャリアデザインのための企業法務入門』（有斐閣）のきっかけとなる授業（2024 年 4 月以降は「特設基礎講義（キャリアデザイン：企業法務)」）を行う同大学非常勤講師のお誘いをいただき，公務員に関する部分について財務省の富永隼行さん（村山教授および筆者とアメリカ留学時代の同級生で，現在熊本県に出向中）に貴重な助言をいただいた。

　さらに，本書は，西垣裕太さん（2024 年 3 月現在司法修習生）および桃尾・松尾・難波法律事務所フォーリン・リーガル・スタッフの楊燦燦さんに貴重なコメントや校正のお手伝いをいただいた。

　そして，筆者が弁護士実務，研究活動・教育活動そして本書を含む執筆活動ができるのは筆者が所属する桃尾・松尾・難波法律事務所のお陰である。

　加えて，本書は上記の授業をはじめとする多くの学生の皆様との授業中やリアクションペーパー等を通じた交流の中で得た知見に基づく思索が元になっている。

　最後に，有斐閣の藤本依子さんおよび笹倉武宏さんには，「最初の読者」として原稿を詳細にお読みいただき，本書をよりよくするためのたくさんの助言を頂戴した。お二人のご助力あってはじめて本書が出版されたものであり，ここに感謝の意を表したい。

事項索引

あ 行

アウトプレースメント ……………57
アソシエイト弁護士 ………………148
アピール …………………………12
アルムナイ採用 ……………………58
安全配慮義務 …………………83, 114
アントレプレナーシップ（起業家精
　神）………………………………40
アンラーニング …………………77
意思決定プロセス（限定された合理性
　モデル）…………………………34
一般民事 …………………………147, 187
インハウス弁護士 ………………154
VUCA（Volatility・Uncertainty・
　Complexity・Ambiguity）時代……17
AI 等を用いた契約書等関連業務支援
　サービスの提供と弁護士法第 72 条
　との関係について ………………182
AI・リーガルテック時代 …………181
MBA 理論 …………………………61
エンプロイアビリティ ……………56
OJT（On the Job Training）…………75
Off-JT（Off the Job Training）………76
オペレーショナルエクセレンス …43
オンボーディング …………………57
オンラインコラボレーション ……82

か 行

解　雇 ……………………………49, 111
　——の合理的理由（解雇事由該当
　性）………………………………111
解雇規制 …………………………49, 110
外資系企業 ………………………86
課題解決 …………………69, 132, 135
過労死 ……………………………113

管理部門 …………………………38
議員提出法案 ……………………174
議員秘書 …………………………177
起業とリスク ……………………41
企業法務 ……131, 136, 148, 186, 187
　——とスキル ……………………133
ギグワーク ………………………102
偽装請負 …………………………121
キャリア（career：経歴）……1, 7, 136
　——とビジネス …………………24
　外的—— …………………………56
　将来の—— ………………………18
　大学教育と—— …………………4
　内的—— …………………………56
　法学部生と—— …………………5
キャリアアンカー論 ………………15
キャリアオーナーシップ …………56
キャリアキャピタル（キャリア資本）
　…………………………………105
キャリアセンター …………………1
キャリアデザイン ………………1, 157
キャリアドリフト …………………2
キャリアパス ……………………53
キャリアブレイク ………………82
教育訓練給付金制度 ………………120
行政裁量 …………………………161
行政法 ……………………………161
均衡待遇 …………………………117
均等待遇 …………………………117
グローバルキャリア ………………86
経営者キャリア …………………30
計画的偶発性理論（planned happen-
　stance theory）……………………18
継続的学習 ………………………139
継続的自己投資 …………………93
検察官 ……………………………144

公益の実現 ……………………………160
公共政策コンサルタント …………179
公共政策法務 …………130, 174, 178
公務員 …………………………159, 188
──とビジネス ………………172
国際競争力強化に向けた日本企業の法
　務機能の在り方研究会報告書 …129
個人事件 ………………………………149
コストパフォーマンス（コスパ）…94
国会・議会対応 ………………………165
国家公務員 ……………………………167
個別労働関係法 ………………109, 110
コミュニケーション能力 …………134
コンピテンシートラック（有能さの
　罠）………………………………77
コンピテンシー評価 …………………60
コンピテンシーモデル ………………54
コンプライアンス ……………90, 125
コンボイ ………………………………106

さ　行

最低賃金法 ……………………………109
裁判官 …………………………………143
サードプレイス ………………………106
サーバントリーダーシップ …………73
「3＋2」構想 …………………………144
自営的就労 ……………………………100
──の法的位置づけ …………120
自営的就労者 ………100, 101, 120
ジェネラリスト ………………………52
資　格 …………………………………73
自己投資 ………………………………93
下請法 …………………………………122
司法研修所 ……………………………146
司法試験 ………………………………144
司法試験予備試験 ……………………145
社会認知的キャリア論 ………………33
社外のネットワーク …………………105

社会福祉 ………………………………119
社　風 …………………………………36
終身雇用制 ……………………………46
週4日勤務（週休3日制）………103
情意評価 ………………………………59
情報収集 ………………………………20
職安法 …………………………110, 118
職能資格制度 …………………………59
職場環境配慮義務 ……………………115
職務経歴書 ……………………………10
ジョブ（職務）型雇用 ………52, 87
ジョブホッピング ……………………58
ジョブローテーション ………50, 165
自立・自律 ……………………………186
人材獲得競争 …………………………100
人事異動 ………………………………114
人事評価 ………………………………59
新人の社会化 …………………………45
新卒一括採用制度 ……………………44
人的資本経営 …………………………32
心理的安全性 …………………………83
「好き」と仕事 ………………………18
スキル …………………………64, 68
　ソフト── …………………………68
　ソーシャル── ……………………68
　ハード── …………………………68
　法務── ……………………………35
　ポータブル── …………66, 137
スキルセット …………………………64
ステークホルダー ……………………29
スペシャリスト ………………54, 71
政策形成 ………………………………162
政策秘書 ………………………………177
政策評価 ………………………………164
政治家 …………………………………176
成績評価 ………………………………59
生存権 …………………………………119
整理解雇 ………………………………112

セカンドキャリア ……………………166
絶対評価 …………………………………61
説明（第三者への）…………………28
専攻（メジャー）……………………70
専門性 ……………………………………69
戦略法務………………129, 136, 142
相対評価 …………………………………61
組　織 ……………………………………96
　──と個人 …………………………96
組織文化（コーポレートカルチャー）
　……………………………………36, 90

た 行

退職勧奨 …………………………………57
第二新卒 …………………………………58
ダイバーシティ ……………………89
ダイバーシティマネージメント …91
タイムパフォーマンス（タイパ）…94
多様性 ……………………………………90
団体的労使関係法 ……………109, 118
チーム ……………………………38, 98
チームプレイ …………………………100
地方公務員 ……………………………170
中小企業法務 …………………………138
懲戒解雇 ………………………………112
長期的な利益 …………………………28
調　整 ……………………………………166
定性的評価 ………………………………60
定量的評価 ………………………………60
転　職 ……………………………56, 137
点と線（Connecting the dots）……11
同一賃金同一労働 …………………117
独占資格 …………………………………73
独　立 ……………………………………150

な 行

内閣提出法案 …………………………174
ナレッジ共有 …………………………85

日系グローバル企業 ………………87
根回し ……………………………………98
年功序列賃金 …………………………47
能力評価 …………………………………59

は 行

配転権 ……………………………………49
バウンダレスキャリア ……………55
働き方改革 ……………………84, 113
働き方改革実行計画 ………………103
バックキャスト思考 …………………9
パートナー弁護士 …………………148
ハラスメント …………………………83
ハラスメント防止 …………………116
パラレルキャリア …………………104
バランスシート（BS）……………126
パワハラ防止法 ………………………116
反対派 …………………………………180
BS（バランスシート、貸借対照表）
　……………………………………………92
PL（Profit and Loss Statement、損益
　計算書）……………………………92
比較優位 …………………………………78
ビジネス …………………………8, 26, 92
ビジネス英語 …………………………88
ビジネス部門 …………………………38
非正規雇用 ……………………………116
B2C（Business to Consumer）……34
B2B（Business to Business）………34
フィナンシャルプランニング ……91
フォロワーシップ …………………73
付加価値 …………………………………27
副　業 ……………………………95, 103
　──の効用 …………………………104
　──のリスク ………………………104
副業・兼業の促進に関するガイドライ
　ン ……………………………………103
福利厚生 ………………………………119

ブラック企業 …………………………32
プラットフォーム …………………102
ブランディング …………………102
フリーランス …………………100, 122
フリーランス活動（自営的就労）…95
フリーランス保護新法 ………100, 122
フリーワーカー ……………………100
プロダクトポートフォリオマネージメ
　ント（PPM）…………………………61
プロティアンキャリア論 …………17
紛争解決法務 …………………129, 141
弁護士…………………143, 147, 187
　　──の専門性 ……………………153
法科大学院 …………………………145
法執行 …………………………161
法制局 …………………………178
法務部門 …………………38, 125, 148
法令遵守（コンプライアンス）……25
ポスト …………………………97
ポリシー …………………………13
翻訳AI時代の英語力 ………………89

ま　行

マイルストーン …………………74
マネージャー …………………71
民間以外の関係者 …………………175
メンタルヘルス ……………83, 115
メンバーシップ型雇用 ……………51

や　行

雇い止め …………………………116
　　──の例外 ……………………116
有期雇用 …………………………116
優先順位 …………………………22
予防法務 …………………129, 140

ら　行

ライフコース論 …………………106
Realistic Job Preview（RJP）………20
リーガルテック …………25, 142, 181
リーガルリスク …………………25, 127
リーダーシップ …………………72
利益相反関係 …………………99
リスキリング（re-skilling）……66, 139
リスク管理 …………………………129
リストラ …………………………57
立　法 …………………………173
立法関係者 …………………………189
立法の過程 …………………………174
リファラル採用 …………………106
リモートワーク …………………82
レジリエンス …………………84
労使交渉 …………………………118
労働基準法 …………………………109
労働組合 …………………103, 109, 118
労働組合法 …………………109, 118
労働契約法 …………………………109
労働三権 …………………………109
労働時間規制 …………………113
労働市場法 …………………110, 118
労働者キャリア …………………30
労働条件 …………………………109
労働生産性 …………………………84
労働法 …………………………109
ロビイスト …………………………179
ロールモデル …………………21

わ　行

ワークシェア …………………85
ワークライフバランス（WLB）……80

法学部生のためのキャリアエデュケーション

2024 年 3 月 30 日　初版第 1 刷発行

著　者　松尾剛行

発行者　江草貞治

発行所　株式会社有斐閣

　　　　〒101-0051 東京都千代田区神田神保町 2-17

　　　　https://www.yuhikaku.co.jp/

装　丁　高野美緒子

印　刷　株式会社理想社

製　本　大口製本印刷株式会社

装丁印刷　株式会社亨有堂印刷所

落丁・乱丁本はお取替えいたします。定価はカバーに表示してあります。